浯江軼事

劉鎮東◎著

自序

劉鎮東

金門擁有一千六百餘年的歷史，舊名稱（浯江），明代洪武二十年（一三八七年），江夏侯周德興來島築城設寨，目的在抵禦倭寇，且運用島之險要，內捍漳、廈，外控臺、澎，可「固若金湯，雄鎮海門」，故島乃名為「金門」，遂沿用迄今。島雖蕞爾，土地面積僅一百五十點四五平方公里，現居島上居民亦不過六萬餘眾，惟可別瞧它小得不起眼，翻開歷史章篇，南宋時期，大儒朱熹可是為它登島開設「燕南書院」，作過特別的加持灌頂，所以後來能造就四十三位進士，至於舉人或提督武將更是多不勝數，它人才倍出亦曾榮顯臺灣與澎湖，原來清朝之「開臺進士」鄭用錫，「開澎進士」蔡廷蘭都是「金門人」，這是島地驚奇的一頁，也是奠定它日後文化內涵的基石。

但歷史朝代更迭總是殘酷無常，尤其蕞爾小島，一旦淪為戰場，人民身家性命、財產可如螻蟻般受殃於戰禍，明鄭國姓爺鄭成功標舉「反清復明」大旗，以「金門、廈門」為根據地，與清朝週旋對抗，永曆十八年明鄭戰敗，清軍登島焚屋毀城，金門曾一度淪為廢墟。歷史來到

最近的一九五八年八月二十三日，也就是震驚中外的「八二三砲戰」，共歷時四十四天，總計中共對金門發射四十七萬四千九百一十發砲彈，平均每平方公尺就落彈四發。當年中共瘋狂濫射，無法撼動島地生存，但卻激發後方臺灣子弟同胞、數百、數千、數萬陸續受徵召投入戰地防務，他們扛起護衛臺灣大後方的重責大任。如今數十年悠悠歲月已過，當年的俊俏「阿兵哥」，如今模樣皆已白髮蒼蒼升格做「阿公」了，每當他們在孫子輩跟前，總不忘提提當年烽火連天的英勇事蹟，總能獲孫輩們崇拜眼神及掌聲。

但當年的前線金門，它不僅外表有煙硝砲火，長達一千六百餘年漫長歷史歲月中，它可是有「海濱鄒魯」的稱譽，它信手拈來皆充滿著文化底蘊，尤其時年封閉，諸多外界所不知的軍管秘辛，及庶民百姓所受禁錮無奈，可謂：「血淚斑斑，罄竹難書。」然日子難過終須過，庶民百姓千百年來生活島地間，民情采風，庶民堅毅特質，自有一套苦中作樂的生存哲學，哪是歷代列祖烈宗所留下的智慧瑰寶，後輩們秉持「人若尊天理，天會照甲子」的天道運行，凡事敬神謝天、崇恩報本、緬懷祖德，放眼島地宗祠林立，宮廟遍佈，祂可是庶民百姓心靈依託所在，套句俗諺說：「有山著有水，有神著有鬼」。故在島地閭式鄉野聚落間，數百年來即流傳許多鬼怪靈異、神魔鬥法……各種地方傳說及異志，本書有諸多篇章，將逐一為讀者呈現。

傳說異志說得活靈活現，皆出自於祖傳公、公傳父、父傳子，代代皆如此傳承，至於傳說故事的真實性，已不是至關重要，因為它已融成地方文化的一環，更重要是當年煙硝砲火，戒嚴禁錮，日子是何等煎熬痛苦，百姓皆靠它超現實的無限可能來療傷止痛，總能達到抒壓解悶的奇效。

寄希望本書付梓，能帶給當年戍守金門，這些「阿公級」的英雄們，更豐富在前線的故事題材，並提供曾造訪過或預備參訪金門的遊客，更能貼近瞭解金門。

而現今工商社會，填鴨式教育，造就哪麼多「新新人類」，他們鎮日耽溺網咖，對自己文化的茫然無知，很多年輕人竟連母語也無法出口，更別提「仙人覆掌」、「七鶴戲水」等地方傳說為何？若長此下去浯島文化恐有斷層之虞，祈望本書能幫助下一代，作為瞭解自己土地文化的敲門磚，謹此為序。

西元二〇〇五年八月

目錄

參：傳說異志

活力軟工事

壹：軍管秘辛

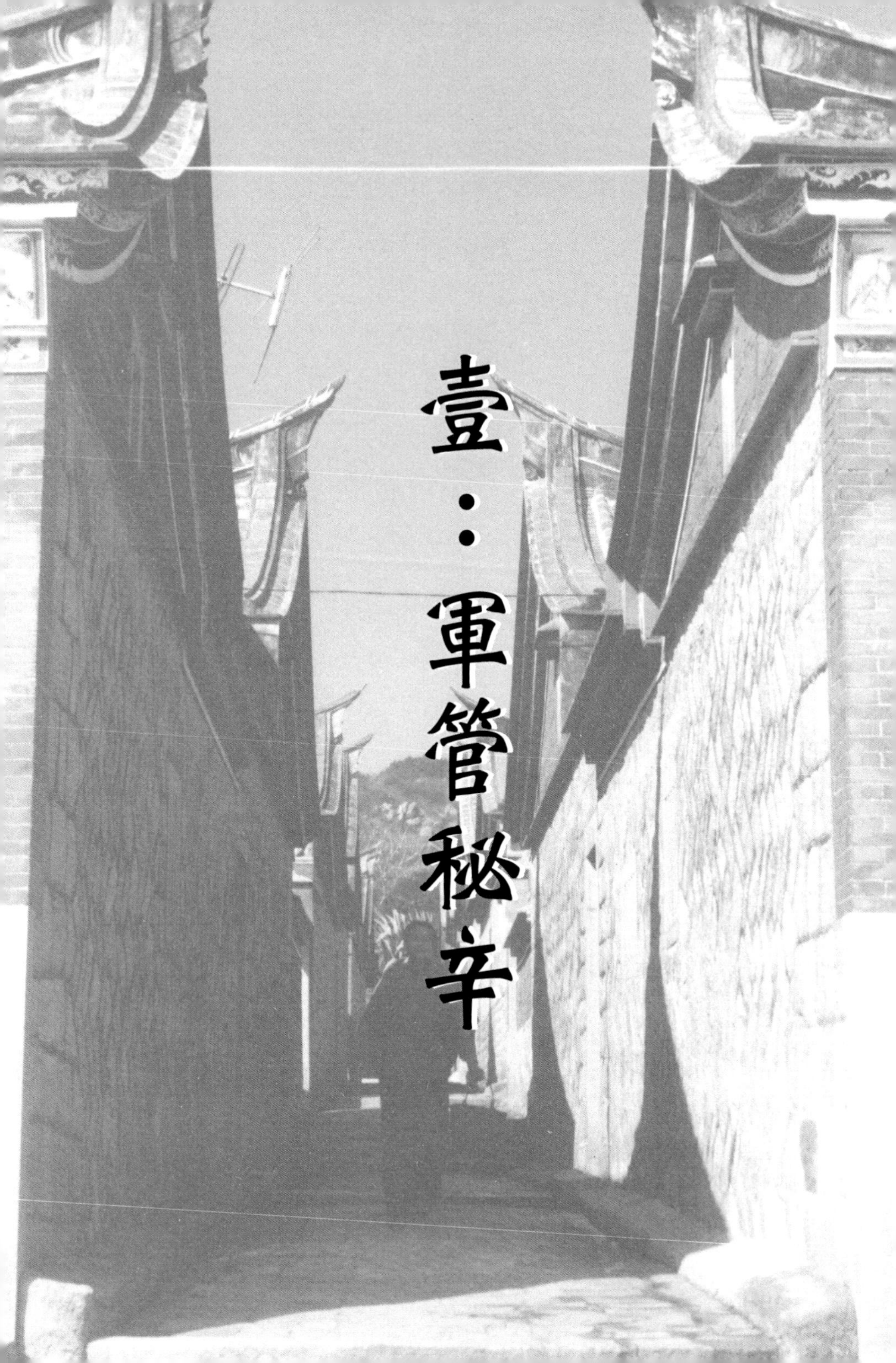

一、碉堡裡的哪塊墓碑

位處北海岸的「雞髻頭」，因離海平面隆起，高數丈，狀如雞冠故名，清朝至民國二三十年為內港泊舟船之處，民國四十年間，國軍撤移暫住民房後，看重其居高臨下，地形險要，選在此構築防禦工事，則可扼制彼岸同安所屬大、小嶝島。故乃大興要塞，戰壕、碉堡。記憶中蔣介石老總統來金門巡視時，曾數度蒞現場勘察構工，足見其重要性非比尋常。

當年駐紮一個加強連的兵力，由於「雞髻頭」幅員有限，要容納偌大的兵員進駐，從食、衣、住、行，到戰備訓練場地，土地取得便是一大難題，但在軍方眼裡，這有何難，自詡陽剛之軀，除了無法獨自生小孩，至於土地嘛！祇要一紙「徵集令」，在派幾個揹槍的兵丁隨行，土地主人老百姓，豈敢說一個「不」字……。

時年貧多富少，不識字的「青瞑牛」，遠勝拉犁耕地的土黃牛，對軍方荷槍來人的大陣仗，早已「皮皮挫」失了先機，哪紙「徵集令」別說看得懂沒幾人，即便看懂了又能奈他何，先祖輩遺留下來的土地，當然祇好乖乖地提供他們「暫住」，至於暫住年限，租金幾何？無人發問，也不敢發問，因為發問了也是能柰他何，而這個溫馴如小綿羊的村落，名喚「劉澳」村，為六甲西宮聚落的一環，若說他們膽小如鼠，不敢與軍方據理力爭，也對，因為時年全金門流行「膽小」，敢出來抗爭者，恐怕還沒出生，若說他們「無啥小路用」，連祖宗基業都保不住，哪他們肯定與你翻臉，這其中是有原故地。

說起他們的開基祖「劉平」，於明朝初年即由泉州上西大寶灰狗墓遷來浯島卜居劉澳，（按縣誌記載之泉州「上西」之地名有誤，應為現今之泉州晉江石獅所轄「祥芝」），落戶之初，雖地狹田少，惟畔海地利，洽可半耕兼作漁撈營生，而「平公」雖無顯赫功名，惟不忘嚴課子孫讀書，故日後能造就孫子輩劉行義，於明朝萬曆年間高中庚戎科進士，官居廣東二品布政司。

這些榮顯成就，時至今日雖無人能超越，也「無從」超越，然屬後輩子孫的他們，在人前總是「沾名釣譽」，沾沾祖輩光采，順代滿足一下「官宦」世家的不凡血統，這是他們想要的，而且是生來馬上就能擁有的「榮寵」，但再顯赫的成就，必竟已成過眼雲煙，即便有官家燕尾屋脊，超大的大門門板，向現實屈服是祖輩告誡再三的保命法則，歷代先輩殘喘苟活避禍之道是，見到明鄭的鄭家大軍，速速立香案，俯首跪迎王師到來。見到康熙大帝哪紙「遷界」命令，即使得遠離鄉關，面對不可知的未來，唯有立即遵旨照辦。尚可穩住項上哪顆不怎麼值錢的人頭，見到紅太陽的倭奴統治，低頭不忘「嗨」，「嗨」二句表明自己的順民身份，除可迎合短腿倭奴的氣焰，更可提防漢奸「抓耙子」的哪雙耳目。

今日來人是自命正統的國軍，與我們膚色相仿，髮色一致烏黑，不同的是講話腔調，及不時夾雜著：「媽哩咖畢」的粗野話，他們強調來金門是「播遷」，絕不是外傳的戰敗「撤退」，但看在鄉人眼裡，怎麼來的並不重要，重要的是你們的到來，築哪些戰壕，碉堡……直接限縮了我們耕種的農田，莊稼的產量的短少，未來日子怎麼過，才是我們所關切的……。

「長仔兜」哪口百餘年的古井，是劉氏先祖所開鑿，旨在提供民生用水及灌溉二大功能，故井口特大，雖井深不及七丈，惟有二處泉眼，每遇秋冬枯水期時，老井依然能汩出充沛的泉水，而且水質甘洌清甜，雖離村莊有三里之遠，村人仍不辭勞苦絡繹挑水飲用，每逢婚喪喜慶，用水量倍增時，老古井總是能善解人意，滿足大陣丈的汲水需求，村內耆老們讚美它是「生命之泉」，因為它已默默運行，滋養了劉氏幾代人的生命……。

惟好景不常，自國軍駐紮「雞髻頭」後，民生食用水短缺，而老古井恰好緊臨營區咫尺，軍方更不需知會主人同意，哪紙「徵集令」更是免了，老古井便儼然成為他們的「專用水井」。開始之初村人均知曉軍方擅自汲水，祇是礙於他們的「權威」，且佔「地利」優勢，倘若鬧開，即便村人白天阻止，暗夜他們還是照樣盜取，故莊內耆老幾經權衡：「先確保村內食用水無虞，為第一要務。」既無力阻止軍方取水，村人必須率先節省水源，即暫停汲取灌溉用水，如此方能確保軍民雙方用水的平衡。

村人如此犧牲顧全大局，並無法獲得軍方同理心配合，軍方反而天真認為：水井既足以民生飲用，開放給營區百餘兵員洗澡應無問題。村人心頭焦慮的「缺水」問題，終於不幸的應驗了，百餘年滋養數代鄉人的老古井，竟然出現了從未有過的泉水枯竭現象，此時軍方不思檢討兵丁洗澡浪費過多的水源，反而反客為主，指責鄉人是古井枯竭的原兇，並發起狠來裝設抽水馬達，埋設直通營區廚房的輸水管線，並在井口鋪上鐵蓋上鎖。

莊內百餘年的民生用水遭斷，禍首不是紅太陽的倭奴，不是殺人越貨的內地股匪，他竟然是……唉！族老們哀嘆，鄉人們垂淚，他們驚天的大哭，哭的不只食用水被切斷，今天哭得分外淒厲，今天是清明節，「雞髻頭」營區內的「紅墓」，歷代老祖宗的墓碑不見了，內外護牆的石塊，亦憑空消失，憤慨、落淚、自責、告官緝兇，四五十年歲月逝去，答案還是空白，多位領頭耆老無顏含恨去面見祖宗。而失落的墓碑重見天日，竟然是在解除戰地戒嚴後，連日的春雨，哪隻進入荒廢碉堡躲雨的羊，哭聲指引鄉人，他看到刻著「皇明」，孝男某某，「墓碑」是尋獲，可是祖宗的墓卻消失了。

二、衰小ㄟ充員仔「阿榮」

電視上有一則很通俗的廣告，描繪一對父子以電話進行對話，父親說：「阿榮」有放假要趕快回來，兒子回答說：好、好，並表示父親寄來的「運功散」，已經收到。該則廣告旨在傳達一位父親，對入伍當兵兒子的關愛，至於「運功散」是否有療效，我想祇有用過的人才能知曉，筆者不作臆度，惟令人相當納悶的疑點是，該則廣告少說也播放了十幾年，難道哪位兒子「阿榮」，當兵永遠當不完，或是有幾種可能，（一）「阿榮」當兵當出興趣，繼續留營。（二）「阿榮」當的是志願役，役期還未滿。（三）「阿榮」是逃兵，逃了被憲兵逮回，繼續再當。

唉！一則廣告，滿了藥商荷包，卻苦了我這無聊的好事者，真箇干卿「鳥」事，或是吃飽太閒，看倌若是如是想，也屬自然，惟因為提及「阿榮」名號，不得不想起大約民國五十六年左右，發生在家鄉北海岸，一則台灣「充員兵」守海防的往事，很巧的是他的名字也叫「阿榮」，他之所以令人印象深刻，因為他身上有幾項特質：

1、「勤快」：當年他守海防，負責漁蚵管制哨勤務，在他未擔勤務時，遇有老弱婦孺，他會主動驅前，幫忙挑吃重的蚵擔，村莊農忙收割時，他會捲起袖子，主動幫忙農務，所以「阿榮」當兵半年，在村裡就建立很好的人緣，且舉凡他們部隊欲向百姓商借任何工具，祇要他出面，很少空手而回。

2、「敬老」：「阿榮」嘴巴甜，有禮貌，對村裡老人，男的稱阿公，女的叫阿嬤，耳朵受惠的老人，對於如此親膩的稱呼，雖有哪麼一點尷尬，實則內心偷偷的暗爽，而「阿榮」靠他的好「嘴水」，當然也經常獲得回報，例如端午包粽子，「年兜」炊甜粿，老人們必然會為這位外來的「台灣孫」準備一份，可見待人有禮，不管走到哪裡，皆受歡迎。

3、「會法術」：「阿榮」懂法術，原先無人知曉，有一回他們駐守的碉堡，傳出半夜鬧鬼，有數名「充員兵」晚上睡覺，原本睡在碉堡內的床上，早上醒來，人卻躺在碉堡外的洞口，就連他們哪位狗肉吃得兇的老廣排附，也難倖免。唯一例外的竟是菜鳥「阿榮」，夜夜好眠，平安無事。最後他們得知「阿榮」因有法術護身、妖邪不敢騷擾，乃共同央請「阿榮」設法除妖，惟「阿榮」深知強龍不壓地頭蛇，必竟哪些看不到的靈體，它們才是原始的主人，所以

「阿榮」採取柔性的辦法，與它們講和，條件是每逢清明及七月，多燒一些銀紙及供品祭拜，談判成功後，自此碉堡就未再傳出靈異事件。

4、「膨風」：「阿榮」什麼都好，就是哪張嘴巴愛吹牛皮，當時台灣與金門交通不便，資訊往來更不發達，他老兄大概抓住這點，自認吹牛又不犯法，反正又不會被抓包，而且吹牛的對象又是小孩，膨起風來更是無往不利，「阿榮」說：他們家住台北市，家裡開一間大飯店，每天食客上千，而且經營一間車行，光車輛就有上千台。他又說：「台灣有火車，而且火車的車頂是「崁」草的，坐火車的速度比坐飛機還快，從台北到高雄祇要一個小時，便可抵達……村裡的小孩對於「阿榮」的形容，莫不張嘴豎耳，信以為真，然牛皮吹大總有漲破的一天。

事有湊巧，隔壁海防班哨有一位充員兵，是「阿榮」的小學同學，對他家可謂瞭若指掌，他說：「阿榮」他們家確是賣吃的，惟不是開大飯店，而是一小間自助餐店，每日食客上千，確有其事，因為自助餐店開在學校旁邊，來吃飯的多是學生，而他們家確實經營一間與車有關的店，惟是經營腳踏車寄放，對象全是學生，車輛數上千台……恐怕不止！至於火車「崁」草，速度比飛機快，他的充員兵同學聽後，不禁搖頭，哀嘆「阿榮」真正是：「膨風水蛙刣嘸肉」。「阿榮」喜歡吹牛皮被拆穿後，就不太敢再「膨」下去，除了被村裡的小孩冠上「膨風榮仔」的稱號，對他也沒有什麼傷損，他的人緣還是很好，村人還是很歡迎他，然「天下無不散的宴席」，當兵二年還是會盼到退伍，「阿榮」要退伍了！消息傳遍了整個村莊，村人內心不捨，但還是很恭喜他。

記得哪一日的清晨，「阿榮」滿面春風，換了便服來村裡的「店仔」，買了一長串的鞭炮，準備慶祝退伍，並一一跟村人道別，當時間接近中午時，海防班哨卻突然發出「轟」、「轟」、「轟」連環巨響，村人一陣驚慌，以為戰事又起，紛紛躲入防空洞，約莫十幾分鐘，響聲停了，到了一點左右一輛憲兵車，及一輛吉甫車從村裡呼嘯而過，目標是海防班哨，村人們莫不議論班哨出事了，但料想不到出事的人，竟是今日退伍的「阿榮」。事後瞭解，他大概太興奮，他忘了「樂極生悲」的道理，竟將哪雙不用再穿的軍用皮鞋，往海裡一扔，不巧的砸到地雷，且引起連環爆炸，這下「阿榮」的兵役恐怕得延長，而且是很長很長……。

三、真大逸乎老總統摸頭殼

隔壁老安嬤，常常喃喃自語說道：總統係真命天子、係真龍的化身，我們凡夫俗子，有幸蒙受「龍寵」，將來必定飛黃騰達，尤其是摸到頭殼，好運自然雙倍，老安嬤這麼說：「囝仔若乎摸著頭，字目算盤一定「勢」（聰慧）。大人若乎摸著頭，生意發達、起洋樓。查某若乎摸著頭，生子生孫，有出頭」。

話說在民國五十年初秋，擺脫赤熱炎夏，天氣轉為涼爽，也該是本村運勢，起了好兆頭的變化，「雞髻頭」駐軍加強連，正日以繼夜，構工修建戰備坑道，白天除了海防班哨執勤哨兵，村庄幾乎看不到半個「兵仔」的鬼影，「店仔」生意冷清，老闆搖扇吶涼，始終擠不出昔日盈人的笑臉，一透早番面戰鬥警員，便挨家挨戶巡視，喊著他慣有破鑼嗓子，語帶威嚇要求各家各戶，雞鴨務必關好，不可任由四處閒晃拉屎，黑狗公與黃狗母，也要栓緊綁好，否則咬到人，狗主將移送軍法嚴辦，是時一群正要下海抓魚，鏟蠔的「海墘腳」子民，在晒穀場聚集，靜候朝汐到來，過了約莫一個鐘頭，「副村長」大人帶著一位「北仔」官長，迎面而來，當場氣氛詭異肅靜。

「北仔」官長一開口：「便說今天海防部隊，將舉行戰備演習，海面淨空，所有蚵民漁民不准下海，否則被砲火擊中，死傷自行負責。」語畢，民眾怨聲四起，想到今天正值絕佳潮汐，早不演習，晚不演習，偏偏這個節骨眼演習，根本是要靠海子民、吊鼎斷炊，這個時候，「三叔」很不服氣出面爭辯：「透早牽牛去山上放牧，途經「雞髻頭」附近，明明看到大部份的兵仔，正在挖坑道搶工，那來的演習，連槍聲砲影也沒聽到，說演習，根本是「豫猜」（胡說）欺騙百姓。當場堵得那位「北仔」官長啞口無言，惟卻惱羞成怒，揚言：若敢不服軍令，將以軍法究辦。斯時「伯仔」，看苗頭不對，趕忙示意三叔，不用抗辯：若乎掠去關，著「嘸達」（不值）。最後副村長出面打圓場，幫忙解說：「軍方演習，有其戰備考量，並暗示這幾日，可能有「大官虎」要來，希望全體村民，體諒及配合」。

翌日海防部隊戰備氣氛依然詭異，海口之漁蚵管制哨，依然派兵把守，村民依然無法下海作業，空氣中瀰漫一股不尋常的氣氛，村民交頭接耳猜測，可能真有「大人物」要來。接近中午，村口突然駛入三輛吉甫車，及一輛憲兵車，尾隨在後的是一輛寫著。「戰地政務委員會」

的民用車，全部停妥於本村的晒穀場，一路人馬下車後，有著軍裝、有穿西服者，肩披一整排子彈，穿西裝者，每人腰際均配一把手槍，肅殺氣氛凝結整個村中，隨後由縣政府官員，及鎮公所、村公所人員，帶領上述人馬，挨家挨戶說要檢查「環境衛生」。實則村民心知肚明，是要察看有無窩藏壞人，彼等荷槍實彈，善良的父老村民，當然很乖順、很聽話，任由你翻箱倒櫃，任由你一查再查，除了不敢心生怨言，更要遞茶倒水，深怕侍候不週，惹惱他們，汝著真衰。整個清查工作，歷時二個多鐘頭，莫說有查到壞人，經這一驚動，蟑螂、老鼠，倒是跑出來很多隻。

下午三點多，該批荷槍實彈人員，不但沒有離去，還分批駐守於村內各要道，是時，村口又駛入三輛書寫著「金門防衛司令部」的中型接待車，均停靠於「宮口埕」附近，二輛車人馬先下車，魚貫下來至少二十幾位人馬，泰半著軍裝、肩上掛很多顆星星，配帶手槍的侍衛、神經緊繃站立二旁，接著肩掛二顆星的將官，前往那輛尚未有人下車的接待車走去，伸手開車門，並行一個舉手禮，由車內下來一位看似六、七十歲的老人家，身披黑色絨布的風衣，手持拐杖，頭戴一頂圓型盤帽，二眼有神，氣色紅潤，當他脫下盤帽時，頂上露出無毛的亮光，這時，好奇心十足的村民，不分男女老幼，皆要往前觀看，到底是那裡來的「大人物」，惟均無法如願，都被荷槍的便衣大漢，隔絕於五十公尺外，此時向來號稱「膽頭」尚壯的「銅貢」（浮誇臭屁之意）松仔，一溜煙，即消失於人群中，躲在他家豬舍的柱子邊，欲偷窺「大人物」。

大概柱子過小，無法遮蓋龐大身軀，約五分鐘的時間，就被侍衛發現，人被撲倒，以麻繩五花大綁，並被倒吊，中間穿一支扁擔，二名侍衛好比扛豬般，將「銅貢松仔」扛離現場，並送往村公所暫時關押。事後聽說勞動村內「老大」（長老），前往作證立保，「銅貢松仔」才得獲釋返家。

話說那位「大人物」，並非不可親近，當他目睹眾多村民駐足圍觀時，乃主動趨前接近民眾，然村民仍被侍衛強行擋駕，不得越前一步，唯一例外的是，我們這群不知天高地厚的囝仔村童。順著「大人物」的招手，十幾名囝仔跑上前，並真好膽的將「大人物」圍在中間，這時「大人物」非但不生氣，反而面帶笑容，伸手逐一摸著村童的頭殼，並接連說了幾聲：好、好、好。事後聽村公所的人講起，昨天摸囝仔頭殼的那位「大人物」，正是我們的蔣中正總統。想來不可思議，如此奇緣境遇，竟發生在窮鄉的小漁村中。如今時過四十年，始終想不透隔壁老安嬤所講：「囝仔摸著頭，字目算盤一定勢」。然那麼多年過去了，「字目」與「算盤」，阮麻係嘸卡勢。

淫汁轟轟車

四、統仔山的無頭鬼

時值農曆七月，「老大公」及眾好兄弟，開心放一個月長假，紛紛返回陽間，接受供養招待之際，想起民國四十幾年，座落於浦山的長福里與金沙橋交界的山丘上，有一突起石壘小山丘，村人均稱之為「統仔山」。

當年國軍在山凹間，構築一處碉堡，並編配一班清一色的外省兵駐守，據說某日湖南籍的班兵甲，因抗命罪，遭山東籍的班長，命令四名班兵，將班兵甲壓制地上，山東籍的班長，隨手掄起一把構工用的圓鍬，在碉堡洞口，便砍下班兵甲的頭顱。由於當年戒嚴軍管，施行單行法，觸犯所謂敵前抗命罪，唯有處死一途，概因班兵甲冤死，或心有不甘欲思報仇，據傳該名劊子手班長，過不久竟在碉堡內，毫無原由的舉槍自殺，而參與行刑的班兵，不是身染重病，就是得了失心瘋，該處碉堡概因流年不利，不久便被軍方裁撤，任由荒蕪長草。

話說無頭鬼的由來，應是班兵甲冤死，怨氣重，且有冤無處伸張，變成無主孤魂，又乏人超渡，無法輪迴轉世。故魂魄便不由自主，在其熟悉的「統仔山」四處飄泊遊蕩，徒增一條戒嚴軍管的枉死冤魂。而時局不好，軍方無端造的孽，日後鄉人百姓，便要接連的替其承擔驚悚與不安！

記得當年環島北路，雖已闢建完成，惟仍屬泥土路面，坎坷難走，所以鄉人日常行走的路徑，便選擇較為便捷的「統仔山」山路，昔日鄉人營生不易，臨海村落，便靠採蚵捕魚，謀取三頓，俗稱「海墘腳」子民。而無海可靠的村落，泰半種植四季各種蔬菜，所謂「靠山吃山，靠海吃海」，便是鄉人當年的生活寫照。日常收穫的不論魚、蚵、菜蔬等成果，若要變現換錢，便祇能往離村落最近的沙美市集送，所依靠的交通工具，便是扁擔、籮筐，外加一付孔武有力的雙腳。

前幾年電視劇上演一部挑伕，描寫清末民初，先民為生活的艱辛拚搏，孰不知，時至民國四、五十年代的金門，鄉親們的辛勞，絕對不遑多讓，且每家每戶，皆出了好幾名出色的「挑伕」哩。自從軍方碉堡廢棄後，「統仔山」四處，便瀰漫一股驚悚，靈異的無頭鬼傳說。

有一年清明節前後，鎮日春雨綿綿，大約清晨三點多，鄉人「豬哥成仔」，挑一擔菜花，欲往沙美市集趕早市，途經「統仔山」碉堡，因尿急放下擔子，往碉堡的草欉走去，正欲小解之際，不經意抬頭，看到一名身著破舊軍裝，頸部以上無頭顱的怪胎，左手提著一顆眼睛睜得大大的頭顱，站立在廢棄的碉堡洞口，一動也不動。嚇得「豬哥成仔」，來不及尿還沒尿完，拔腿挑起菜擔，也顧不得菜還沒有賣，急忙調頭往回家的路狂奔，一到家門口，整個人臉色鐵青，雙腿發軟，癱坐在地上。

聽說事後，足足臥病一星期，足足三個月，不敢獨自赴沙美市集賣菜。而「豬哥成仔」撞鬼事件，隨即傳遍鄉里。然鄉人為顧三頓生計，又不能因為驚怕，而讓家裡「吊鼎」斷炊，故祇好硬著頭皮，與「統仔山」無頭鬼，展開一場驚悚，比膽量的人鬼大作戰。

又有一日「芋圓嫂」，挑二桶海蚵欲往沙美市集賣。由於婦女普遍膽小，「統仔山」無頭鬼事件，鬧得繪聲繪影，故「芋圓嫂」，祇好邀隔壁賣菜的「風龜忠仔」，結伴壯膽，當他們行經「統仔山」地界，約清晨三點半，依然月光皎潔斜掛天空，星斗昏暗稀疏。突然間從「統仔山」碉堡內，傳來一長串低吟，恐怖的聲音，依稀可辨重覆嚷著：媽呀！我的頭！媽呀！我的頭！當場除了「芋圓嫂」聽到，緊跟在後的「風龜忠仔」，亦聽得真確，二人亦真有默契，同時摒除呼吸，假裝什麼也沒發生，火速三步作二步行，趕往沙美市集狂奔而去，結果僅虛驚一場，平安落幕。

說到怕鬼仍尋常人的現象，然其中亦有異數，並非該名當事人鐵齒，而是他的身份有別，鄉人「憨豬進仔」，就是其中之一。他是宮廟王爺的「乩身」，據說有識陰界「歹物」的本領，某日清晨近三點，「憨豬進仔」，藝高膽大，獨自一人挑白菜赴市集，途經「統仔山」碉堡，遇到無頭鬼現身嚇人，當場「憨豬進仔」，非但不怕，且放下擔子，破口對著無頭鬼開罵，並恐嚇鬼魂，若膽敢一再惹事嚇人，將用銅針、黑狗血來制煞收服。

可能雙方語言溝通不良，無頭鬼被訓斥一頓，頗感意外，眼見嚇人步數無法得逞，最後才悻然無趣的消失於暗夜中。然無頭鬼並未因此而消失，仍然三不五時現身嚇人。直到民國五十幾年，手推車取代扁擔後，鄉人交通路徑改走環島北路，「統仔山」的無頭鬼嚇人傳說，才逐漸被鄉人淡忘。放眼科學昌明的今天，看倌若問我「統仔山」到底有無「無頭鬼」，我的答案是天曉得！

五、歹小貓面班長

民國五十年初，北海岸面向大嶝島，觸目所及便可望見大陸層疊起伏，高矮不一的山峰，當時年齡小，根本不知國共內戰，兄弟相爭，成王敗寇，勝出者得天下的道理，原來那大片山河，若非我們戰敗，我們極可能還擁有股份，甚至保有幾張土地所有權的權狀。這是我小時候的夢，一個無法實現的夢，暫且將他視為痴人說夢吧！

而戳破我的春秋大夢的是戒嚴軍管及戰地政務，所謂政策靠「人」訂，而人之所以鴨霸兇狠，所憑藉的不是道理服人，而是他們的那一把槍，那一把看你不爽、隨時槍口對準你我胸口的槍，它可以令我們害怕、可以令我們閉嘴，可以令我們順服。

話說宮口前的海防班哨，就有這一號人物，其人身材壯碩、禿頭、濃眉、「貓仔臉」（麻臉），再配一張大嘴、張口閉口總是：哇操你××的嗶，而且不止嗶一聲，簡直嗶不完，其人格特質，應是廣東與山東人的綜合體，尤其嗜食狗肉、嗜酒如命，喜歡貪小便宜，及膨風吹牛，故除了腔調屬山東腔，其為人行事少了北方人的直爽豪氣，反而多了奸巧及惡狠，並非本人對「北貢」（外省人）有成見，因大多數「北貢」，除了年紀較長，待人均和善，尤其疼惜小孩，惟此君應屬異數，絕對有別於「北貢群」，故時隔四十幾年，對其所謂「英雄」事蹟，始終念念不忘。

話說其出口成「髒」，村庄孩童放學後，必定會幫忙家務，牽牛至海防班哨內之草埔吃草，若幸運未睹到貓仔班長，便太平無事，若「衰猶」（運氣不佳）睹到，輕者被連珠砲式的「嗶聲」，從頭「嗶」到腳驅趕，重則拿一把長槍，作勢威嚇要槍斃你的牛，食牠的肉，我們這群孩童受此驚嚇，少有不尿褲子，祇有連滾帶爬，沒命的牽牛逃命。若說貓仔班長貪小便宜，全仗著執掌海防班哨的權勢，管制蚵民、漁民下海捕撈之進出，每當漁民捕撈較豐收的魚獲時，均難逃其攔路打劫，說好聽是例行「檢查」，然一檢查，大魚大蝦，便自動跳到其預備的水桶內，漁民除了敢怒不敢言，也祇有忍氣吞聲，當作遇到土匪罷了。

說到其膨風，每當其駕臨村庄「店仔」，買酒時，便開始對村民進行「想當年」的開講，若人聚越多，講得越起勁，故事章節，不外乎重提當年如何打共匪的英勇，它一個人便可殺敵百餘人，建立了多少了不起的戰功，得過上百個勳章的事蹟，然今日筆者想來，倘若貓仔班長，果真的如此英勇殺共匪，想必早已戰死沙場馬革裹屍，說不定大陸山河也不會變色，因此，給他膨風兩個字 還不足形容，「獴狷」（胡說八道）應是最好詮釋。

再談其嗜食狗肉，若按當年食用物資的缺乏，食狗肉乃為普遍的現象，村民食狗肉於「補冬」時節，也頗為盛行。話說貓仔班長貪食狗肉，除了自己養十幾條，按順序從排頭食到排尾，然狗總有殺光吃光的一天，一旦班哨裡的狗宰殺殆盡時，村庄裡的狗便開始要倒大楣了，其算計「民狗」的手法是保留一條母狗，將其驅趕到村庄任其遊走，不用多久，便能招引一大群發情的「公狗」，自動隨母狗入班哨營區，結局是有進無出，狗命休矣！

他卑劣貪圖口腹的手段，並非狗主人不知，祇是懾於「槍彈」的淫威，加上查無證據，祇有「認衰猾」的份。而鄉民面對貓仔班長，長期欺壓，慣性的「拗蠻」，並非全無法度，祇是鄉民保有「忠厚」傳家，處處不與人計較的傳統，也有忍不住、「凍未條」的時候，若非忍無可忍，鄉民也不會抓狂。話說事情發生在仲夏酷暑的大熱天，嗜酒如命的貓仔班長，多杯黃湯入肚，醉酒進入本村的宮廟內睡覺，若單純睡大覺、解酒氣，絕對不會引來一場風波。

貓仔班長入宮內，除了吐了一地穢物，在供桌邊拉屎，更誇張是將村民平日虔誠敬拜的二尊王爺，請下桌並拔王爺鬍鬚，再任意棄置地上，然後繼續他的呼呼大睡。適輪值「燒香點火」的村民，發覺宮內慘況後，乃順手提起宮內大鑼，沿村頭至庄尾「拍鑼」示警，控訴貓仔班長惡行，一時全村沸騰，村民手持扁擔、鋤頭、「六齒仔」、蔴繩等可以扁人的「家司」（器具），不到五分鐘便動員百餘村民，會集宮口埕，所謂「近廟欺神」，村民平日受欺壓的怒氣一旦爆開，便很難平息，貓仔班長馬上被村民五花大綁於榕樹下，村民「打乎死」的聲音此起彼落，倘若不是村中「老大」（長老）說情制止，貓仔班長的命運，不是臉腫滿身傷而已，下場必然悽慘，最後由其官長出面道歉作保，並將貓仔班長調離海防班哨，才平息村民眾怒，所謂善有善報，惡有惡報，「壞人」走了鄉民便可喘口氣，過著較有尊嚴、較為正常的日子，雖事隔久遠，然歹小的貓仔班長的「嘴臉」，依然記得，依然清晰！

六、驚鬼驚露水

知名作家司馬中原常說：西洋人怕鬼，中國人也怕鬼。我要說：細漢囝仔更怕鬼，民國四、五十年戒嚴軍管年代，尚處囝仔聲，未轉大人的我就有三怕：1、悶鑽仔，也可稱為魔神仔，統稱為鬼啦！2、憨兵仔亂開槍，3、對岸共匪頭仔「打大貢」（打砲宣彈），而三者若要進行不同程度的害怕指數排行順序，可謂各有千秋，各富特色，首先以怕鬼來說，若八字較輕，不慎睹到，輕者起雞母皮，大病一場，重者遭「抓交替」，從此跟陽世間說再見，其次談怕憨兵亂開槍，若說兵就是兵，為何還要冠上「憨」字呢，請聽我一一道來。

四、五十年軍管年代，由台灣徵調來金門服役的阿兵哥，俗稱「充員兵」，彼等年輕、經驗淺，剛下防區駐地，每遇單號對岸「打大貢」，就驚到滲尿，更甚者鑽到床舖底下，唉爸哭母，半天不敢出來，此乃菜鳥兵的寫照，然人總會成長，菜鳥總會變老鳥，「膽頭」總會越練越大，為何還無法將其「憨」字除名呢？有下列原因，四、五十年間，教育普遍不普及，充員兵程度較高者固然有之，然通盤計算，識字不多者，居大多數，當年筆者家經營一間「店仔」

，台灣俗稱「柑仔店」，除賣日用品、軍需品，更兼營洗衣部及修改軍服等細項，店雖小可謂五臟俱全，其中更有特別的服務，就是幫忙台灣充員兵，收信及送信，因當年鄉下並無設置郵筒，收送信件單靠郵差騎腳踏車，直至後來才有摩托車載運。

而代收送信件，為本人最大的樂趣，因多數充員兵寫好信，多不封口，祇要付清代售的郵票錢，即可走人，而郵票及封口粘貼，便由本人代勞，在有意無意間，充員兵之信件內容，便一覽無遺，首先筆者先聲明，絕無窺人隱私，若有僅是當年年少無知，加上好奇無聊之故，特此先向當年被我無意窺視信件內容的充員兵，致上最深的歉意，「歹勢啦」莫怪，而以下就是信件部份內容：「阿爸、阿母，我很好，寄五百塊來，我更好，我在金門單號「打砲」，雙號「做工」，日子甘苦甲哭爸咧，褲底代碰子（缺錢之意）緊來救我，不然會哈死」！

信件內容雖事隔四、五十年，每當憶起，作夢還會笑，由此各位看倌，便能知悉當年台灣充員兵的直率「憨」直，故冠上「憨兵」，應有幾分根據，而回家怕憨兵仔亂開槍，當年金門電力不普及，鄉下更不用說有電、有路燈，一旦入夜黑暗罩頂，尤其在無月娘的晚上，更顯得漆黑恐怖，僅間隔百餘公尺的海防班哨，更是村民不敢越雷池的地方，因為班哨皆為台灣充員兵執勤駐所，而兵營每晚均有不同的口令，一旦生人接近，答不出口令，槍子即行掃射，莫說村民不敢暗夜前往，就連每晚固定前往查哨之北貢官長，亦隨時提心吊膽，彼等不是不識口令，而是臨海墘，風大浪高，拍打岸邊，發出巨響，遮蓋住辨識的口令聲，因而經常發生自己人誤殺自己人的憾事。

再談怕共匪頭仔「打大貢」，民國五十年初的仲夏，某個單號、無月娘的晚上，筆者即經歷前述三怕接連襲身的恐怖經驗，當年我八歲，重要工作是看顧我家的那一頭母黃牛，猶記得當日清晨，牛牽至離村庄二公里遠的港尾（地名）海墘邊，釘鍥吃草，草埔斜坡緊臨兵營的碉堡班哨，是日入夜八點鐘，概玩心過重，竟忘了於太陽下山前，將牛隻牽回，綁入「牛磵間」，經我俺娘巡視母黃牛未在「磵內」，才接連「夭壽死囝仔」，玩到「荒心」的罵聲出口，命我緊去牽牛回來，殊不知已暗夜八點，又是單號，對岸隨時可能「打大貢」，終究母命難違，硬著頭皮，祇好咬牙前往。

二公里路程，雖不算遠，然黑夜罩頂，首要經過二堀大池塘，僅能緩步行走中間的連接小路，步出池塘小路後，面前皆為丈餘高大樹欉，二邊皆為百餘年古墓群，不由感覺陰風四起，背脊發涼，身上除了起雞母皮，更不單一個「怕」字可以形容心中的恐慌。

緊接著摸黑抵達母黃牛吃草位置，牽著牛隨即禁聲彎腰緩行，深怕聲響過大，答不出口令，遭到崗哨充員兵的亂槍掃射。回程雖然又怕一回，唯有先前的驚悚體驗，心頭已較為篤定，正當折返池邊小路，慶幸沒有被鬼掠去，也沒被充員兵的槍子掃射到時。說時遲那時快，天空閃光一現，對岸共匪頭仔的大貢接連二發，又咻咻！又碰碰！一發彈落東邊池塘，一發掉落西邊，而本人概祖宗有保佑，僅在廿公尺處，掉落一塊「瓦銅片」，小命無傷，母黃牛亦無恙，僅是雙耳受強大震波巨響，十幾天還在嗡嗡作響，迄今雖事隔四十餘年，還是恍如昨天，還是那麼鮮明、驚悚，真應驗司馬中原的名言「恐怖喔」！

七、樂工炒米粉

「吃米粉喊燒」，比喻多管別人的閒事，而「樂工炒米粉」，則又是另一番不同的情景。民國四、五十年，戰地政務及軍管的雙重枷鎖，除了壓得百姓喘不過氣，就連金門縣政府的所謂公務機關，也是空降了一位穿軍服的「縣太爺」。故底下的大小公務員，不論職等，皆要臣服聽命於軍人「老闆」的命令，這就是戰地政務，這就是金門人的宿命。

在當年幹公務人員，事務緊繃，除了業內的民政業務要辦，戰地政務委員會交辦的細項，更是馬虎不得，否則開罪軍方當局，一道命令，就要讓你走路吃自己。平常與軍方老闆之電話接洽往來，也不輕鬆，因使用軍用電話除音量小，又要強迫自己，去聽那南腔北調的「北槓話」。說真格的，一個電話紀錄下來，真能聽懂的話，沒有幾句，倘若罩門不夠亮，如敢回應聽不懂，換來的必然是：哇操你×的嗶，或是：媽你××嗶。在沒有人格尊嚴的威權體系，為了生存，為了飯碗，必須懂得順服，又須懂得拍當局的馬屁，電話聽不懂，不重要，祇要會講一個「是」字，且從頭「是」到尾，或報告長官，不停的「報告」聲不斷，包管你沒事。

當夜幕低垂下班後，除了輪值夜人員，依然緊繃神經，隨時得應付軍方不定時的「查勤」挑戰，其他人員便自動會集，來一場前述的「樂工炒米粉」，祭祭眾人的五臟廟，所謂「樂工」，就是大家樂意的工作，除了花費不多，又是每人皆可參與的聚餐活動，故祇要有人提議，鮮少「樂」不起來。而炒米粉的形式，是每位參與者各出一樣食材，例如張三家裡種菜，便出菜蔬，李四家裡養蚵，便預備海蚵，王五家裡什麼都沒有，便出米粉，或買一瓶酒，解解大家的酒癮。或者，用「抽虎鬚」的方式，抓「大頭」出錢，幸運者可以少出錢，甚至可以「白吃」。

另一層激起同仁樂於配合的動機，除了活動能暫解壓力，苦中作樂，凝聚感情外，真正的原因是，當年公務人員，除了星期六下午或星期日及國定假日，可以輪休返家，其餘時間均要呆在服務機關，故同仁朝夕相處，泰半建立深厚的革命感情，然戒嚴軍管，加上戰地政務襲身，縱有八面玲瓏，對應時局的功力，也難保不會觸犯當局的禁忌，例如公務人員涉及賭博，下場是悲慘的。

有一年正值農曆春節，有位同仁排到輪休，返家過年，原本新年頭，庄頭巷尾洋溢著年節喜氣，且加發一個月的餉錢，他為父母及子侄輩發完紅包，亦結束全家圍爐的年夜飯。是時鄰居「憨狗」喚其共赴村庄的「宮內」看人賭錢，也該那位同仁有事，原本自認大過年應有開放幾日賭禁的前例，且自己祇是觀賭，並未實際參與賭博，故乃爽快隨同「憨狗」前往。約莫接近入夜十二時，庄尾狗吠聲四起，惟宮內沸騰下注的喧鬧聲，早已掩蓋示警的狗吠聲，突然，出現六位攜帶手槍的制服警察，分別堵死宮門及側門，並喝令眾人舉手不准動，逐桌清查賭資及查驗賭客身份，一時那位同仁因具公務員身份，臉色鐵青，急於向警察辯解並未參與賭博，且同村賭客亦出面證明同仁的清白，然即使是「有嘴講到嘸涎」，警察就是不為所動，並火速將宮內不管賭博、或圍觀的一干人等，押上軍用大卡車，載往派出所「法辦」。

據事後瞭解，那位同仁遭警方以參與賭博處理，並被通報戰地政務委員會，馬上被勒令撤職的嚴厲處分。各位鄉親看倌評評理，那位同仁老實謙和，平日工作敬業認真，且無不良嗜好，僅是大過年放鬆心情，在自家庄頭宮內「觀賭」而已，就遭當局撤職開刀，連帶他十五年的公職年資付之東流，沒有任何遣散費，且家有年邁雙親及妻兒子女要養，更由於久居公門十五年，即使家裡祖宗留有幾畝薄田可以耕作營生，惟現實中，那位同仁早已無法勝任粗重的種田農活，故勒令撤職，無疑砍他的頭，也間接砍他全家老小的頭。

人生境遇如此，除了嘆息時局的殘酷無情，能做的僅能替他掬一把同情淚。也因為有這位悲苦同仁的悽慘下場，警惕著我們更勤於「樂工炒米粉」，來規避當局毫無原由的迫害，然每當米粉入口，任憑怎麼咀嚼，總是欠缺昔日同甘共苦、互相幫忙的革命感情味道，這種缺憾，在時隔多年的今天，依然存在。

貳：庶民臉譜

一、北仔傳奇

「北仔」一般泛指外省籍人士的俗稱，惟本文所提及的「北仔」，卻是十足不折不扣的家鄉子弟，「北仔」的一生極富傳奇色彩，說他坎坷「業命」（苦命），其一世人始終幾度與死神交陪。說他命中帶有「貴氣」，在其遭逢生命的那盞油燈，將要熄滅的關鍵時刻，馬上有「貴人」出現，為其重新點燃生命之火，這就是「北仔」異於常人的命格，這就是鄉里不論老少，每當憶想從前艱苦年代的點點滴滴，「北仔」的傳奇話題，總是榮登鄉人「打嘴鼓」的榜首。

雖然時隔二十餘年，「北仔」，早已駕返西方極樂世界、登仙成佛。惟他「骨力」好「差甲」的德性，以及勤儉顧家的態度，更是鄉人引為「教示」囝仔細子的活教材，顯見其不平凡的生命張力，不因歲月流失，始終在鄉人的心中佔有一席之地，他就是我可敬的鄉親「北仔」，也就是「蛤目伯」眼中的乖子，更是他「老大人」，數十年來始終無法忘懷的遺憾與傷痛。所謂緬懷過去，才能動見未來，今天以虔敬的心來敘述追思「北仔」，不平凡且活得精彩的過往，目的無他，祇是略盡鄉親一己綿力，文中若有誤差，冀盼「蛤目伯仔」，鑑諒海涵。

話說從頭，由於「北仔」一生傳奇性的境遇特殊，故連記錄浯島歷史的「金門縣志」，在第一卷「大事志」中，對「北仔」，早年時期坎坷遭遇，有如下的登載敘述：「民國五十五年，五月間，時任國防部長蔣經國先生，蒞金門視察，發現金沙鎮浦山劉澳六歲幼童許安國，家道貧寒，患染嚴重的痲疹，高燒未退，棄置牛欄奄奄一息待斃，經國先生發現上情後，立即囑咐衛生院醫治，後又轉送台灣三軍總醫院，免費治療，期間經國先生，並數度偕夫人親臨慰問，贈款濟助其家，經數月治療，癒後安返金門，全家深感經國先生「恩德」。

其中登載內容，泰半屬實，惟「染痲疹高燒，棄置牛欄奄息待斃」等描述，有言不符實的形容，概因當年金門仍屬戒嚴軍管，且長官施恩救人，本屬功德美事一件，故聳動悲情的「恤民」事蹟，作為對照，較能符合上意。然對就對，錯就是錯，既為歷史紀錄，就不能失真，否則既不符經國先生，親民愛民的救人功德，更陷家屬揹負一個棄子於牛欄，不顧死活的罪名。

今日筆者所要澄清的事實，係經訪查多名村中耆老，彼等均經歷當年經國先生，蒞村救人的過程：當年「北仔」，身染嚴重痲疹，鎮日高燒不退，命在旦夕，村中鄉老及鄰居莫不群集前來關心，最後眾議中有了共識，祈請村中宮廟王爺降駕作主，為「北仔」，驅邪治病，隨即眾人卸下門板（按當年物質缺乏，遑論有擔架等工具），將奄奄一息的「北仔」抬至村西南的宮廟，過程中起乩，王爺降駕，並開金口示意：除非貴人相助，否則性命堪憂等云。亦確是王爺威靈顯赫，庇佑之功，適巧遠在台灣的國防部長蔣經國先生，蒞金門視察，別處不去，偏偏來村中，王爺降駕村人圍觀「喧鬧」場景，便吸引經國先生親和愛民的好奇心，他目睹一切，瞭解全盤，乃埋下施恩救人的功德。

故指「北仔」，遭棄置牛欄待斃，絕非事實，試問村中牛欄，都闢建於較偏離住家之處，乃基於衛生環境考量，若如所述，則經國先生便無法「目睹」更無法救人，由此各位看倌可以驗證，我金門民風淳厚，尋常百姓敬神迷信，確有其事，有病不送醫院看病，也是常事，究其原因，就是一個「窮」字可以解答，當年的家庭普遍生育眾多，食指浩繁，連三餐多不得溫飽，既使生病，亦看不起醫生，故敬神拜佛，仍是唯一且是無奈的選擇，也是艱困甘苦共通的宿命。

回頭再談「北仔」的事蹟，「北仔」本名許安國，「北仔」仍其綽號，為何一位金門囝仔，取一個外省「北仔」的綽號呢？原來「北仔」獲經國先生「貴人」相助後，護送台灣三總醫療，數月治癒返金，竟脫胎換骨般的神奇，張口閉口均是「國語」，後來村人索性給他綽號「北仔」，「北仔」的叫，綽號便從此定型。

而自從「北仔」遠渡台灣醫病身體流著不一樣的血液，日常在村中笑臉盈人，對長輩更是禮數週到，每遇農忙收成，厝邊頭尾的田裡，幾乎可見其幫忙添手的身影，遇有婚喪喜慶，搬桌、端盤、掃地更是從不後人，尤其宮裡做醮，「舉頭旗」的神聖工作，更是非他莫屬，像如此「得人疼」，眾人「呵咾」（稱讚）少人嫌的好人，大概遭天嫉，民國七十幾年初，有一單號夜裡，天下豪雨，對岸密集打著宣傳彈，翌日聽說「北仔」基於愛國心驅使，出門去撿宣傳單，準備繳村公所，孰料一去數日杳無音訊，村人不分老少動員尋找，更是半刻不得閒，然仍無所獲，最後在離村數里遠的「長福里」山郊，一口百餘年的老古井中，發現可憐的「北仔」，早已落井滅頂多日。今日思想起，除表哀慟遺憾，願祝「北仔」，在天國安息！

二、呣驚「見刺」的三嬸

清明剛過，紅黃藍白的墓紙，尚未褪去鮮艷的色彩，戶外雨濛濛的春雨不斷，連帶海霧籠罩整片田庄，籠罩鄉人賴以出入的門戶「機場」，阻斷心急如焚的旅外遊子，望「機」興嘆。這頭手機的鈴響了，焦慮不安的安娘，發話中說道：霧罩真重，連太武山嘛嘸看著，汝實在「白腳蹄」（運氣不佳），有可能趕未著看三嬸最後一面，「墘仔日」下埔，等「流水」（潮汐）淹的時拵、「師仔」（指殮工），「著欲收」（入殮），汝若係趕未赴、「眠仔日」再卡早去補位。

接獲這個無奈的消息，整個人有如洩了氣的皮球，心情低落到谷底，唯一的想法，就是很想哭，很想放聲大哭一場。想哭的衝動並非全然「天候」的阻隔，真正的原因，是哀痛親人的殞落，心裡明白三嬸此番離去，就再也回不來了，越想心情越難過，昔日她老人家疼惜後輩的情景，有如電影畫面，一幕接著一幕在腦海裡湧現，猶記得去年的「年兜」，返鄉過年，大年初一，三嬸還在蚵桌上剖蚵，除了拿蚵刀的手有些顫抖，精神氣色尚佳，唯一不改的老毛病，依然「儉食」，依然捨不得「著新衫」、任憑返鄉過年的子孫新婦，如何勸說：「大過年應該穿漂亮新衣，否則子孫在鄉里，將揹負不孝罪名」。

然倔強出名的三嬸仍不為所動，依然是穿她那一件，約莫二十年的花格破棉衫，而三嬸唯一不會拒絕的是，上癮多年的香煙，不論國產的長壽、新樂園、外國的三五、七星、大陸的黑貓或白貓，祇要是煙，任何人拿給她，統統來者不拒，有時我們這些侄孫輩，考量抽煙有害健康，故意不給煙，然看她掠汝「金金看」的眼神，想到她歲數已大，理應事事順從她，最後拗不過，還是為她點燃一支矛盾又沉重的香煙。

今日想來，好在當時有替她點燃那一支香煙，否則三嬸再也抽不到我給的香煙。想到三嬸的性格脾氣，不得不提起三嬸古道熱腸的另一面，舉凡村內有嫁娶的喜事，無須知會，三嬸一定暫放手邊工作，主動前去幫忙，尤其「炊膨粿」一項，更非他人所能取代，內行人均知曉，「膨粿」不是人人會「炊」，除了要膨，要飽滿，正中央的裂痕分岔，更要裂得均勻，裂得好看，常聽鄰居婦人，對三嬸的讚美：「法治仔」，夭壽喔，膨粿炊甲膨膨膨，筆筆筆，汝的「手路」，實在有夠好。

結婚儀式及喜宴結束，夜晚的重頭戲，才要登場，「攪新娘」（鬧洞房）帶來歡樂的氣氛，其中新娘奉甜茶，賓客要講吉祥話，俗稱「答四句」，三嬸更是箇中好手，例如常講：「冬瓜糖甜甜，乎汝明年生後生」，「今日轎門兩旁開，金銀財寶一齊來，新郎新娘入房內，生子生孫狀元才」等等吉祥話，均能增添喜宴氣氛。

若是遇到村內族戚往生，一般厝邊鄰居，初期反應，當然是有悲傷不捨的同理心，惟在苦主遺族，尚未將往生者遺體移入棺柩，且未設「接引西方」的簡易靈桌，供人弔唁時，村里鄰居泰半不敢踏入喪宅，原因是避免「見刺」，所謂「見刺」之意，就是見到家人以外的死屍，家鄉有一項禁忌，即「見刺」者事後均不便再參加諸如結婚喜事、宮廟做醮，或參拜等吉慶活動。而往生者遺體未入棺前，又恰好是喪家遺族最徬徨、最無助的時刻，此時的家屬沉溺於哀傷，無心張羅往生者後事，最需要他人協助，奈何鄉俗禁忌，經常使家屬陷於孤立無援窘境。

然斯時必有一位不畏鄉俗禁例的天使出現，那就是我可敬的三嬸，當她進入喪宅，除了安慰家屬節哀，第一件大事就是以行動緩和家屬不安，挽袖幫往生者穿戴壽衣，指點家屬應穿著幾件，先後順序均有規矩，孝男、孝女抬屍位置，設立香案，如何替往生者打水洗身，囑咐家屬早晚如何對往生者呼喚「叫飯」等細項，均鉅細靡遺的指導及協助，事務看似繁多複雜，然我三嬸大概經常協助喪家處理後事，在她做來，總是那麼熟練順手。

事後經常忍不住問三嬸：汝看過那麼多死人，幫那麼多死人穿壽衣、戴壽帽，怎麼嘸驚「見刺」。然三嬸總是淡淡的說：嘸禁嘸忌、呷百二，人要多行善積德，天公伯仔才會保庇咱。三嬸「教示」的話語一直在耳邊迴盪不去，斯時的身軀依然阻隔在海的另一邊，台中水湳機場，突然間手機的鈴聲又響了，發話者是我二哥，傳來的好消息是：阮塊霧散了，太武山又看到了，機場又重新開場了，你可以順利回來了，這時的心情是興奮的，而且興奮得又想哭，然自忖此刻在異鄉，不宜哭，應保留全部的體力，留待回家，回到三嬸的靈前，放聲痛快的大哭一場（謹以本文追思紀念可敬的三嬸）。

三、舉筆仔尾的阮爸

在民國二、三十年代的家鄉金門，「舉筆仔尾」的頭路，可以在鄉里間，稱得上高尚的職業，鄉人皆認為「舉筆仔尾」的工作，「軟路」（輕鬆），不用承受日曬雨淋之苦，阮爸為何與「舉筆仔尾」的工作，沾上邊呢？且一沾就是四十幾年的公職工作，說來我不信，我看連阮爸自己都不相信。

所謂：事出必有因，有因方能成局。我聽阮伯仔，談起，阮爸少年時，祇有跟內地（指大陸）來的教書師父「大頭義仔」，所開設的私塾，讀二年冊，阮伯仔心裡不怎麼平順的說：當年伊就是「貧段」（懶惰），不讀，才會變成「青暝牛」（不識字），若嘸伊今日嘛係吃「舉筆仔尾」的頭路，意思是說，阮爸卡精工（聰慧），其實，伊也不笨。

而阮爸單靠二年的私塾啟蒙，就能吃「筆仔尾」的頭路，說來牽強，這中間其實有一段艱苦的秘辛，能沾上公職，除了靠自己「駝來」（即自修學習），第一份工作，就是昔日戰鬥村的「村丁」工作，接著是靠苦讀，通過基層公務人員普考，才能躋身，一幹就「混」四十幾年的「村幹事」工作，也就是一舉，就舉了四十幾年的「筆仔尾」，且從來不覺得「手酸」，或喊累喊苦，我仔細想來，阮爸離不開公職，應是得來不易，格外珍惜之故。

再談阮爸性格，及處事為人，阮爸外表平凡、平實，談吐「叩K」（滑稽）兼「Q尾」（頑皮），若說小缺點，除了不愛洗腳，就是怕黑及嗜酒二項，先說怕黑一項，看倌一定覺得沒什麼了不起，話說民國五十年初，我約莫七、八歲大，阮爸每次公休返家，晚上就是本人受「凌遲」的開始（按此「凌遲」，非棍棒加身，因阮爸不打小孩，應解釋「受罪」，較為適宜），當時的年代，普遍沒電缺水，鄉下更不用提有路燈可作照明，入夜後漆黑不見五指，更是經常面臨的場景，阮爸就喜歡摸黑，前往離家百餘公尺的公共屎礐（毛坑），拉他的屎，又排除不了怕黑，實則「驚鬼」胆小的心裡障礙，故連帶我這個「囝仔屁」，就得一路上跟隨，為其拉屎「大事」，作保駕護衛工作。

而前述「凌遲」的原因，是屎礐週邊，蚊子多到數不清，在擔任護駕工作，除了不能擅離崗位，勇敢忍受成群蚊子，無情的襲身叮咬，更要隨時聽阮爸，三不五時呼喚我，確定我依然在週邊護衛，才得以繼續他的拉屎大事。而阮爸何以怕黑至此呢？聽阮伯子說起：早年當村丁時期，因公赴后宅（村名）辦事，在入夜的歸途，睹到魔神的「歹物」，驚嚇到一路狂奔，好不容易安返家門，雖無大病一場，但是阮伯仔說：看其屎滲到規褲底，臉驚到「青筍筍」，有好些日子，天黑、打乎死，都不敢出門。

再談阮爸有項嗜好，就是嗜酒，早年阮爸擔任「村丁」，薪水微薄，又要顧家庭，喝酒看似遙不可及，但是阮爸天資過人，就是有一套「要酒」之道，當年每個家戶，普遍進駐大陸來的軍隊，而軍隊均配置醫官，醫官手裡，除了有一般醫療藥品外，就是有一種阮爸及嗜飲之人，視為「好料」的珍品，就是「食用酒精」，所以想喝酒，醫官巴結好，「貨源」便能源源不斷，而論理，食用酒精，為濃縮高單位酒精成份，食者必然有損身體健康，然阮爸他們一群嗜飲之人，就是有一套解決辦法，其實「江湖一點訣」，說破就不值錢，辦法就是將食用酒精，對比白開水，稀釋完了，便可裝碗就口，爽快好過日囉！

前述阮爸除了有那一些小小的缺點外，其為人處事，便是多人呵咾少人嫌，別的不說，在村里間，舉凡「番屏」（指南洋）寄「鐳」（錢），覆信，村裡王爺作醮，及婚喪喜慶之記帳工作，甚至婦人生乾埔、查某（指男嬰、女嬰）之「號名」的神聖工作，都落在阮爸的手頭，原因就是阮爸吃「舉筆仔尾」的頭路，若論村里事務，理當主動盡力幫忙，然若是碰到「貧段骨」之輩，便無法成事，最令我最幸運的是，阮爸一世人「骨力」好「差甲」，讓我及我阿兄，在鄉里掙足了面子，如今阮爸雖然已去「做仙」多年，惟每當在異鄉眠床，思想起阮爸已離世不在了，除了錐心目屎流之外，本人最想向阮爸表達的是：俺爸我好想您，若有來世，我還要作您的兒子，且這次絕對是「心甘情願」，擔任您入夜「拉屎」的護駕工作。

四、三叔的海捅鐘

「屎礐」逐一拿竹竿攪動過，大小池塘也徹底搜尋，山上兵仔營的廢棄碉堡也找遍了，還是不見「瘋坎昆仔」的影隻，連伊「家裡」昆嫂仔，問本宮的王爺，及遠至後浦街請先生卜卦開示：均指明「瘋坎昆仔」尚在村內，但怎麼找就是找不著，難道偌大的人，會憑空消失，村人們的內心狐疑、可憐的昆嫂難掩焦慮，已經二、三天沒有瞌眼，更不用說吃得下，睡得著，二個目眶深陷，原本瘦弱的身軀更顯得蒼老，鄰居「瓊治仔」、「芹菜嫂仔」，看了實在不忍，紛紛趨前安慰：汝免煩惱啦，恁昆仔嘸代誌啦，伊面相飽滿，不像夭壽短命之人。

不提「短命」還好，一提馬上觸動「昆嫂仔」脆弱的敏感神經，當場嚎啕大哭，聲調悽厲，二管鼻噠更是關鎖不住流到嘴邊。一旁的「瓊治仔」伊尪「粗杓仔」，眼見自己的老婆失言惹禍，馬上出言制止：「訐，出嘴嘸好話，七講八唔對，嘴緊塞ㄟ，倒轉去啦」！現場氣氛尷尬，空氣凝結，「昆嫂仔」大概自知反應過度，隨即止住「唉爸」甲「叫母」的哭聲。

曬穀場的「店仔」口，耆老「溫伯公仔」坐在「交椅」上，環繞三張「椅條」、分別有「

阮伯仔」、「土香叔」、「慶仔」等閒人雙腳或蹲或坐著，謙卑恭敬的聆聽「溫伯公仔」開講：若照理「昆仔」應該嘸代啦，伊跟宮裡王爺做棹頭「聽字」十數年，王爺應該會甲保庇才對。「阮伯子」亦應聲：嘸錯、從細漢看「昆仔」大漢，做人精工，做代誌骨力好差甲，好人應該有好報。一旁的「土香叔」看法與眾人不同直言：「昆仔」之所以有「瘋坎」的封號，完全自己「飲歹去」，伊飲燒酒有如「灌土猴」般的誇張，三頓更是無酒不可，前年看他沒喝酒雙手「皮皮剉」，便知酒癮已深，有明顯的中酒毒現象。

今年初觀其形貌，二眼呆滯，充滿血絲，講話更是語無倫次，「昆仔」曾對渠說：李登輝是他的結拜兄弟。蔣中正總統欠他五百塊未還。更扯的是華視播報新聞的李艷秋，因姓「李」的關係，一口咬定是「古寧頭」人氏，伊子「狗屎仔」，將來欲娶她「做某」，倘若村裡有人膽敢跟他「相爭」，他將舉鋤頭跟他拚命！如此反常，「嘸話講栲栳」，唔係「瘋坎」著係「消ㄟ」。「溫伯公仔」聽聞細說，唉嘆一聲：哭爸呷力啦！俗話講：「吉凶欲來先有兆」，若照安呢，「昆仔」可能難脫凶厄的定數。

話語甫落，村口「歪頭火仔」拖著急促的腳步聲，匆忙來報：「西墓墘」那口古井邊，發現數根煙頭，及二瓶紅標米酒的空罐，經探頭往井底一瞧，好像水面浮起一件漲大的暗灰色夾克外套，且聞到一股死貓般的腐臭味，猜想會不會「昆仔」不慎落井？眾人聞言驚駭！個個面色凝重，此時與「昆仔」自囝仔時期玩到大的「慶仔」，更是臉色鐵青，不祥預感罩頂，暗想仲夏七月天，正常人不可能還穿燠熱的夾克，且「昆仔」嗜酒貪杯，開銷龐大，逼得「昆嫂仔」不堪負荷，每天祇給他五十塊錢零用，因此嗜飲廉價的紅標米酒，儼然成了「昆仔」特殊的標記。

正當眾人胡猜亂想不知所措之際，「溫伯公仔」表情嚴肅發話：不論吉凶，先不要通知家屬，避免承受不了。眾人立即趕赴井邊，處理善後，短短八十公尺路程，個個反應殊異，有的詎稱：自小八字輕，生辰相加無四兩重，不宜參與打撈工作。有人自認：膽小懼怕「見刺」而犯煞。由於耆老「溫伯公仔」的押陣，眾人唯有硬著頭皮一路跟隨，當接近井邊五公尺左右，果真由井底飄出陣陣的惡臭，眾人紛紛掩鼻，更加裹足不前。

斯時「溫伯公仔」看眾人畏首畏尾的反應，當真動氣斥責：「燠少年，嘸三曉路用的腳小，恁爸係呷老嘸氣力，若嘸我著該己來」。眼看僵持下去不是辦法，「阮伯仔」終於想到一位平時膽大熱心，遇到「好歹事」絕不退縮的人選，就是伊小弟也就是阮三叔。

經派人通知，阮三叔火速由海裡「鐽蠔」趕回，一到現場好像沒有聞到惡臭般，立即探頭往井底瞧，心裡已有盤算，立即交代速去他家「半樓仔」，取出那付特大號的「海捅鐘」（按海捅鐘係運用鐵條，打成三至五個連在一起的鐵鉤，每鉤向外分叉，類似船錨，繫一長繩，平時專門打撈斷繩落井的水桶之用）待「阮三叔」備妥工具，往井底垂直放下，雙手緊握繩索，待「海捅鐘」沒入水面，遂左右擺蕩晃動，約莫十五分鐘，祇聽「阮三叔」吆喝一聲：鉤著、鉤著啦！雖使盡吃奶的力氣，欲往上提吊，惟屍身泡水腫漲，更加沈重，單靠一己之力實在無法辦到，幸好「阮伯仔」即時趨前添手協助，終於將屍首打撈上來，一觀形貌，手腳肚子浮腫，惟臉型特徵依然清晰可辨，真的是……唉！時隔近三十年，伊子「狗屎仔」早已娶某生子，悲情傷痛早已淡忘，但「海捅鐘」及「阮三叔」青筋暴起的雙手，依然很難忘懷。

五、豬槺鼎中的哪粒紅蛋

阮安娘是典型的童養媳，故從未識孔子公尊容，昔日私塾學堂更離她很遙遠，所以身分證之教育程度欄登載，始終註記「不識字」三個字，若問她有何感想、始終那一句：書是給「乾埔人」讀的、「查某人」讀再多，麻係嘸路用、麻係嫁乎人。若問她當年給人當童養媳，「乾家」會甲汝「苦毒」否？標準答案總是說：袂啦！惟總是陷入時空的長思，眼角泛著塵封過往的淚光，再長吁短嘆幾句：「新婦仔」，本是「業命」（歹命）底，作為吐露心聲的開場白。

阮安娘說：伊七歲就下海掠蟳，臨逢十二月寒冬，酷凍冰冷海水，經常凍穿背脊，手腳冰冷到「蠟膠」（凍僵）流血，依然要耐寒工作到「勾籃」（魚簍）裝滿魚穫，才敢回家見「乾家」。日常山上農務，更是艱苦，由於未足十歲之齡，「牛犁」遠比人高，尋常牛隻若未經豐富經驗老手調教步伐，及驅策返身調頭等培訓工作，新手想要駕御「犁牠」，牛不「飆風」踢人，已是給足面子，遑論牛不犁田，因此阮安娘由於先天不足，當然犁不成田。

然不會犁田並不表示可以歇息，工作反而更艱辛粗重，尤其改挑粗、擔肥工作，一只粗桶高，即約莫到阮安娘「頷滾」（脖子）邊，既使擔半桶肥，以其稚齡的身軀，亦難以負荷，然「新婦仔」的宿命，任憑怎麼哀，怎麼放聲「哮」（哭），工作還得持續，且一日復一日，不論風雨，不論病痛，工作總是做不完。這就是「新婦仔」的歹命格。

所謂：天地配人事。持平而論，阮安娘那個年代，全金門山的百姓，苦的多，富的少，且基於傳統農業社會，男尊女卑觀念濃厚，當年生「乾埔」是寶，生「查某」是草，其道理根由在於「乾埔」，可承繼粗重的農務，更重要是傳遞家裡香火，兼雙親百年作佛，可職司「捧斗」的神聖任務。至於「查某」的命格，為何輕賤視如草芥，概因「查某」養大，嫁作人婦，有如潑出去的水，加上年頭艱困，作父母的還要為其張羅嫁妝，咸認賠錢又不體面，所以視「查某」如草芥，乃是封建社會，將性別之優劣「物化」的結果矣！而箇中又蘊藏矛盾自私的盤算，即看準「查某囡仔」草芥命，若收養為「童養媳」，日後除能幫助家務，長大後更能與自己「乾埔好生」，締結「做大人」（結婚）美事，而且省下一大筆錢銀「某本」。

今日細想當年阮安娘，必定也是莫名其妙，身不由己的搭上這班「童養媳」列車，所謂：「萬般皆是命，半點不由人」。好在伊當年搭上車，才能跟阮爸「做大人」，否則我們六兄弟姊妹，何其有幸，能做她的子女，且日子一晃皆近半百，皆已不惑及能知天命之齡，兄弟姊妹各自成家立業，雖無顯赫成就，惟各自賺到兒女繞膝，平安順遂成長，應是阮安娘最大的快慰與滿足。

晚餐時刻，住家一間大賣場開幕，一盒十粒裝的雞蛋，僅賣一元，惟每人僅限購五盒，如此好空美事豈能放過，趕忙拉著老婆大人，前往賣場排隊，人群長龍數公里，耗時近二小時總算買到十盒雞蛋，由於撿便宜總要有所犧牲，除了晚餐順延二小時，晚上菜色當然「雞蛋大餐」，有蛋炒飯、番茄炒蛋、菜脯蛋、再配一鍋蛋花湯，自忖菜色豐富，兼顧營養，寶貝女兒應會滿意，孰料飯菜上桌，女兒眼睜大大，嘴蹺半天高，抱怨那麼多蛋，會讓她膽固醇過高，壞了減肥大計，更扯的，指責我這個老爸，不該貪小便宜，專去撿某某政黨，用來抗議砸人的雞蛋當晚餐，經我一再解釋，加上她老媽掛保證，蛋的來源，絕對是出生「清白」，且有賣場的「血統」證明，她大小姐才息怒，才給一丁點的薄面，喝了一碗蛋花湯。

晚餐經我那寶貝一鬧，不禁令我跌入時光隧道，想起早年的農村困頓生活，想起阮安娘為我們六張口的奔波操勞，多麼不容易呀！昔日農村各家戶，為改善生活，都會另闢副業，而圈地養豬，就是最時興容易的投資，養豬除能消化家裡剩餘的「滰水」（餿水），舉凡農作雜糧，地瓜藤葉、玉米、廢棄菜葉，均可餵食，若有不足，兵營的「滰水」是首選、或差遣囝仔，揹或提籮筐，勾籃仔，於村郊或山上「擰菜仔」，都是豬隻老大，從不棄嫌的佳餚，唯一增加的工序是將所有東西，匯集剁碎，丟入大鼎煮熟，俗稱「撒豬糜」，便完成所有工作。

而阮安娘，經常在「撒豬糜」的過程中，作一件令我們兄弟姊妹驚喜的事情，就是每逢那一位生日的時候，阮娘總是囁首囁尾，預先用「紅花米」染好一粒紅蛋，再將紅蛋埋入「豬糜」當中，待「豬糜」煮熟，在埋蛋處特別插一條「單秤仔」的地瓜為記，再暗中知會當日壽星前去撿食，過程中總是千叮萬囑一句老話：嗰通乎某某人看著，若嘸汝著嘸通呷。概因阮娘動作太大，或言詞一再重覆，其實在我們兄弟姊妹中，早已洞穿「豬糜」鼎中的秘密，祇是彼此早已訂下「不相爭」的默契，更重要是順應阮娘疼子惜女的心情。

今日對照家裡那位E世代寶貝，對雞蛋的輕巇「討債」，除了反思自己的教子無方，無力扛起大環境的轉輪，然能捨放下，心情才會輕鬆，既然曾經居大位的那位李老先生說：天大地大，不如伊爸尚大。而我這位凡夫金門仔要說：阮安娘豬糜鼎中的彼粒紅蛋，才是最大粒，最令我懷念！

六、花姨仔傳奇

提起「花姨仔」，在久遠古老的鄉下，可謂：無人不知、無人不曉。稱她「頂港有名聲、下港尚出名」，嘛赡過份啦！因為她有多項與眾不同的特色，第一：她很古老，到底有多古老呢？身分證的出生年月日，登載她是清朝光緒某某年出生，若到今天依然健在，少說也有一百多歲了，夠老吧！第二：她縛著一雙三寸金蓮的小腳，走路搖擺，看似緩慢，惟當她拿起扁擔「挑粗漚肥」，絕不輸好手好腳的正常人。

第三：她很會生小孩，一連生了五女二男，以當年雖比不上生一打的村婦，但看倌有所不知，假如不是「花姨仔」生完第七胎尾女後，她的夫婿身染惡疾，不幸歸西，否則生小孩比賽，誰得「頭名」還尚未可知哩！第四：「花姨仔」的契子多，大概「勢生子」，在鄉里建立「好口碑」，因此厝邊隔壁的村婦，生了較「貴氣」難養的細子，莫不爭相做她的契子，以求致蔭與福報。

第五：「花姨仔」有一項別人所不及的「強項」，就是真勢替人揀「新婦」，若說她擁有超凡銳利的眼光，應該也脫離不了她勢生子的干係，所謂：生多了就變內行。尤其鄉閭許多待嫁姑娘，祇要經「花姨仔」全身打量，上下左右多瞄二眼，何人係做「新婦」的最佳人選，答案馬上見分曉，也因為有此特異的鑑賞能力，故姑娘們每當遇到「花姨仔」，內心五味雜陳在所難免，除了懼怕她那雙銳利的透視眼，深恐一下子就被看穿，膽子較大的姑娘，在她面前刻意擺臀搖尾，及挺起凸得不能再凸的雙峰，冀望能獲得好成績，以便為日後的好姻緣鋪路，若膽子較小，或自認條件較差的姑娘，遇到「花姨仔」，咁啦「看著鬼」，馬上立即閃人！

難道「花姨仔」真有那麼可怕嗎？實則非也，不但不可怕反而折服她的鑑賞功力，她的本領高超，實際上是有口訣及要領的，看姑娘的口訣是：「腰束、奶卜、尻川斗大耶擱叮咯咯」，與挑男生選女婿的口訣：「大雙腳，狗公腰兼有擋頭」，其實有著異曲同工之妙。

以下講一段「花姨仔」，幫人揀「新婦」的往事，民國四十年初春時節，花草綻放綠綠的新芽，貓兒半夜不睡，喵喵叫著煩人求偶聲，也同步為浯島子民，揭開結婚時節的序幕，隔壁村的「芋圓嫂」，伊好生「春生仔」，年逾三十未娶，老祖嬤「冬瓜嬸婆」，規日「憂頭結面」，煩惱伊這金孫未娶。午後媒人婆「珠花嬸」來報：嬸仔、嬸仔、好吉兆啦！大嗓門的吆喝聲，此時正在「交椅」好睡的「冬瓜嬸婆」，受到驚嚇，祗差沒有跌落地下，立即開罵：「汝係乎鬼拍著，這呢大聲，乎我驚這險險滲尿」！

當下媒婆「珠花嬸仔」，無辜掃到風颱尾，但是看在媒人禮紅包豐厚的份上，按捺住性子，還猛賠笑臉，露出滿口還粘著菜渣的金牙，火速調整聲調，報告這些天物色了幾戶好人家的姑娘，斯時的「冬瓜嬸婆」，聽到未來的「孫新婦」已有眉目，喜形於色不在話下，為求慎重，除了一面派人去央請鑑賞專家「花姨仔」前來揀選對象，另一方面定下送每位受物色的姑娘，每人一塊「番屏」布料作誘因，以便能將所有的姑娘一網打盡，全部請到家裡來。

計策果然奏效，照約定的時間、五位姑娘們全部到齊，個個嬌羞不甚自在，多數未施脂粉，惟卻難掩清純可人的模樣，準新郎「春生仔」，躲在半樓頂上，目不轉睛死盯姑娘身上猛瞧的樣相，足以證明浯島自古便出美女，絕非假話，然有較量就有輸贏，姑娘縱使「歹勢」不自在，惟攸關面子問題及終生幸福，每個人還是擺出最有自信的「普司」，還對著今天的裁判官「花姨仔」擠眉弄眼，顯然有意討好，期盼能搏得好成績。

經二十分鐘的嚴酷「競豔」，勝出的是隔壁村「粗桶伯仔」伊查某孫，並由「花姨仔」向主人「冬瓜嬸婆」提報揀選心得，獲勝得高分理由是：「腰束，好曲線，穿衣服好看，奶卜，以後奶水足，飼囝仔必定頭好壯壯，尻川斗大耶擱叮咯咯，大屁股必然勢生子，叮咯咯，有助收縮及產道順暢」。故「粗桶仔」伊查某孫，均符合上述的條件，選來做「新婦」必然妥當。

勝負雖底定，惟「春生仔」伊安娘「芋圓嫂」，仍好奇發問：五位姑娘每人皆水噹噹，身材皆前凸後翹，為何獨中意「粗桶仔」伊祖孫呢？「花姨仔」說道：嘸講汝唔知，姑娘們條件皆屬上選，惟「粗桶仔」伊祖孫，有一項其他人沒有的優勢，就是有一雙「大腳婆」，下盤穩健，勢做事，將來必能致蔭恁全家，知影嘸，喔……。（僅以本文紀念在西方做佛多年的外婆「花姨仔」）

七、轉運的哮呆進仔

人聲鼎沸的傳統菜市場，一副優閒自在的「哮呆進仔」，左手提著菜籃子，右手插著褲袋，嘴巴也不得閒，吹著桃花過渡的口哨，概因齒縫不整，發出的音調沙沙作響，明眼的人均明白嘴前無齒「漏風啦」！「哮呆進仔」今日之所以如此優閒，並非有顯赫的家世，及過人的學歷，原來是他有一位漂亮的好姊姊，自從在金防部擔任軍中雇員的姊姊，嫁給某一位將軍級的大官後，「哮呆進仔」他家便起了一百八十度的轉變。

原本破敗的「一落二櫸頭」老厝，遇雨必漏，漏雨時盛接雨水的二只粗桶，及遍佈的舊甕罐子，在她姊姊出嫁的第二年，統統送人或丟棄，因為老厝不再漏水了，變樣了，記得民國五十年的某一天，「哮呆進仔」他姊夫，官大本事高，調派工兵部隊，用軍用大卡車載運整卡車的鋼筋及水泥，約莫一個月的工期，即將破舊不堪的老厝，整修得煥然一新。

最為人稱奇的是，他們家的男丁，每天屙屎拉尿，不用再遠赴村郊的「屎礐腳」，在屋內即可就近解決，因為他姊夫官大注重衛生習慣，在房屋修繕期間，就在左櫸頭角落，搭建一間現代化的蹲式廁所，當年因為尚無自來水，為解決如廁沖水問題，特別在左欅頭的屋頂，加裝一座碩大的鐵製水桶，連接管線抽調井水時，馬達聲碰碰作響，此等景象，在當年蔚為奇觀，村人觀看他家左欅頭屋頂，冒出一座碩大的水桶，好像頭頂長一個大包包，非但不覺得突兀可笑，反而懷著欣羨的眼神，暗忖一句「幸福啊」！

至於我們這群「猴死囝仔」，觀察當然沒有大人，饒富內涵，每當「哮呆進仔」他家的馬達聲一啟動，莫不眾口同聲：喔―「哮呆仔」，恁娘咧放屎乎！換來的不是「哮呆進仔」，臭訐六譙的開罵，或恫嚇叫他那位當大官的姊夫，派兵把我們抓去關，而我們豈是省油的燈，吃定「哮呆進仔」，自幼膽小怕黑懦弱的個性，此番膽敢裝腔作勢，充其量祇不過是「踩到馬糞吹官氣」，我們才「嘸信斗」，嘜來這套，看出出ㄟ啦！

惟當年我們這陣囝仔伴，卻有一個共同的願望，就是想借「哮呆進仔」他家那間西式廁所一用，試想蹲在屋內，唔驚日曬雨淋，及蚊蟲無情的叮咬，且每當下雨過後，光臨「屎礐腳」拉屎，原本凝結成堆的屎山，受雨水的沖刷，化為泛黃污濁的糞水，一旦蹲定馬步，解放拉屎的瞬間，一坨深水炸彈卜通，卜通落下，濺起的糞水雖不及千丈，卻足以玷污你的「腳瘡」及褲底。假如不是我們一再對「哮呆進仔」，無禮嗆聲，說不定他老兄肯出借廁所，讓我們開開洋葷也未必可知。

而他家不單是老厝翻新，擁有令人稱羨的西式廁所，就連家裡經濟收入，也有極大的改善，其中的成功因素也要歸功於「哮呆進仔」，伊老母「招弟仔」做事「骨力」，及有一顆聰穎的頭腦，她利用村口池塘邊的那片祖產空地，蓋了三大間「豬稠」，並買了二十幾頭小豬仔，原本村人莫不存疑，他家祇有幾畝薄田，收成有限，拿什麼來餵養豬隻，原來「招弟仔」內心早有盤算，將主意打在村郊海防部隊的「兵仔潲」身上，果真官大本事通天，藉由她那位大官女婿的打點，每日海防部隊的「潲水」供應不絕，且「兵仔潲」完全免費奉送，加上營養夠油水足，二十幾頭小豬仔，在極短的時間，即可變成大豬公賣錢啦！

且年復一年的圈養，約莫八年光景，他家已經蛻變成村中的有錢人，且「哮呆進仔」，也得力於他姊夫的牽成甲致蔭，十八九歲之齡，即謀得鎮上一所小學的工友職，說來氣人，「哮呆進仔」之所以有「哮呆」封號，除了反應慢半拍，讀書成績更不敢領教，全數「滿江紅」是常事，尋常人小學讀六年即可畢業，他老兄一口氣讀了九年，記得初中畢業的那一年，「哮呆進仔」才捨得離開那所富有人情味的小學。

話說回來，成績好會讀書又如何，到頭來還不是躲在傳統菜市場的角落，擺個攤位，賣起了素齊，今天「嘴賤」說人長短也該有事，打從「哮呆進仔」踏進菜市場，吹著沙沙作響的桃花過渡口哨，便知他仁兄已然駕到，看著他衣著光鮮，一副優閒，再對照本人衣衫襤褸，肚大鬍鬚長的「熊樣」，豈能好意思跟他照面，正在轉向背對，羞愧見人的同時，聽到一聲熟悉親切的呼喊：「刣狗ㄟ，生意好嘸，足久嘸看著老同學，汝變這大塊喔！」斯時的在下由窘迫，變得有點惱羞成怒，順口便頂回去：哮呆ㄟ嘜擱叫刣狗ㄟ，等ㄟ去乎警察聽著，我著衰猜！「哮呆進仔」，恁厝ㄟ廁所，冬時欲借我放一坨屎……哈哈哈。

八、豬哥溫與閹豬坎仔

「溫仔」與「坎仔」，既非「親同」也無血緣關係，二者之所以用褲帶，緊緊拴在一起，全因為二人皆靠「豬仔」營生吃飯，平常豬言豬語，有著旁人所沒有的共通語言，故雙方能建立牢不可破的情誼，「溫仔」人如其名，個性溫吞遲緩，更要命的是患有嚴重的口吃，平時開口總先：「吱吱吱吱啥米代誌」當開頭，遇事情緊張時，搖頭晃腦，青筋暴漲，就連吱聲，也吱不出來，由於模樣滑稽好笑，常引來庄頭巷尾孩童模仿的對象，然性情憨厚的他，從未見發脾氣，或有任何不悅之情。

相對的他的好哥們「坎仔」性情迴異，「激骨」玩世不恭，「創治」囝仔大細，是他拿手絕活，尤其當他從褲帶邊取下那支袖珍型的竹製短笛，吹奏出營生掙錢的曲調時，囝仔大細莫不驚惶失色，其中三至五歲，依舊開檔褲不離身的小娃兒，必是一手緊抓褲腰帶，另一手護著外露，來不及長大的小雞雞，沒命似的哭嚎奔逃，深怕動作過慢，一不留神，小雞雞不保。

這是「坎仔」的傑作，這是他那一曲震撼力十足的曲調在作祟，我們稱之為「閹豬調」，曲目單調，並無出奇之處，且歷經百餘年，調音為：「嘀噠─嘀噠─嘀嘟、嘀嘟噠」！後來聽村庄耆老談起：早年「坎仔」伊阿公「黑豬叔仔」，遠渡內地「蓮河」，學得一手閹豬技藝，學成出師後，內地師傅看金門仔，乖巧骨力，可堪造就，油生疼惜愛才之心，除了教授「閹豬調」，並將短笛相贈，另外附加一把鋒利無比的閹豬刀，而「黑豬叔仔」，學成回到金門家鄉，亦不辱師門，精湛的閹豬技藝，不但嘉惠大半個金門山的養豬戶，對營生的短笛、閹刀，並視為傳家寶般的珍惜，可見「食果子拜樹頭」，乃浯島金門傳統的淳良民風，不像有些人心口不一，領受果樹的滋養，到頭來還要充當砍樹人。

話說「坎仔」之閹豬技藝，乃係祖傳的功夫，而老實憨厚「溫仔」，同樣靠豬仔謀生掙錢，入行有一段離奇的秘辛，雖非世襲祖傳庇蔭，卻也沾一點族戚的光環，源頭來自於「溫仔」的舅舅，外號「豬哥杏仔」，牽豬哥幫母豬配種是他的職業，有一年仲夏，天剛微亮「杏仔」，就牽著那頭「嬲傑傑」擱檔頭十足的大豬哥，前往十數里外的東村配種，晌午時刻踏上歸程，途經王姓人家的庄頭，適巧村內宗祠竣工，正在進行某項莊嚴的奠安儀式，聽說「杏仔」一時好奇心驅使，上前瞧探究竟，不看還好，一看便禍事降臨，待「杏仔」回到家門，拴好豬哥後，隨即腹痛如絞，兩眼翻白，直到入夜尚未見轉好，約清晨三點時分，「杏仔」便一命嗚呼去見祖宗。

事後村內耆老的解讀：指出「杏仔」之流年正走衰運，剛好八字與生肖相沖犯煞，被宗祠奠安的煞氣懾死，祇能怪其自己福薄命短徒留憾事。自「杏仔」無端往生，「杏嫂」內心的悲痛，自然無法言喻，留下的「大豬哥」係往日的生財工具，在封建保守的體系之下，婦道人家自然無法頂替瓜代，且為免日日餵食「豬哥」觸景傷情，決定將牠轉手出售，「杏嫂」思來想去，大豬哥自小是她照顧養大，早已培養出濃厚的感情，深怕碰到不好的買主，日後豬哥會跟著受苦，最後終於想到一位最適合的人選，就是「杏仔」生前最疼愛的外甥「溫仔」。

他秉性憨厚善良，小時候的寒暑假，經常跟隨他的舅舅四處牽豬哥掙錢，稱得上有實務經驗，且豬哥與其熟稔，每回「溫仔」一靠近，豬哥便咯咯叫、豬哥涎更是流得滿地，可見雙方投契，天生的就是牽豬哥好手。而「溫仔」自從接管舅舅的牽豬哥工作後，不久鄉人便給他「豬哥溫」的封號，與同村的「坎仔」被冠上「閹豬坎仔」相互呼應。

雙方不會「同行」相忌，反而建立手足般的情誼，除了個性上的互補，實際上在於二人工作搭配的互惠互利，例如「溫仔」牽豬哥去給某家的母豬配種，母豬之受孕期及生產日期，便能輕易掌握，消息便知會「坎仔」前去接攬閹豬仔的生意，而「坎仔」並非憑空受惠，老早便探聽「溫仔」全家老小善飲、及嗜食小豬仔的寶貝，「豬南佛」是也，故每逢接完生意，「坎仔」便常常提一罐燒酒，捧一碗公好料的「豬南佛」登門「孝敬」，在一番麻油薑絲快炒「豬南佛」，配上不算頂級的燒酒，酒酣耳熱之際，經常脫口而出的言語，「坎仔」戲虐「溫仔」：「牽豬哥祇會賺爽，不如娶某較為實際」。

而「溫仔」今年三十好幾尚無對象，「娶某」的敏感話題被挑起，加上雙親大人在場的壓力，憨厚遲鈍的個性，更加迫使「口吃」的老毛病發作，嘴巴含一粒「豬南佛」，所能回嘴的是：「坎坎坎……呷呷呷……呷南南南補南南南啦」！

九、伊是阮安娘

衛生院骨科陳醫師和藹親切的問診：「阿婆，汝ㄟ腳有卡好嘸」！有喔：阮少年每這擺落海，「青腳」（指螃蟹）攏嘛掠規「勾籃仔」（漁簍），安娘：唔係啦！醫生係問汝ㄟ「腳」，甲掠「青腳」嘸關係啦！真箇雞同鴨講，好在本土醫師修養耐性奇佳，視病猶親，最後不忘提醒一句：阿婆，汝愛照時呷藥、腳才ㄟ好！有啦：每一日攏嘛呷規落粒。

回程的車上，忍不住質疑？安娘：上個月，拿一個月的藥，妳卻剩半個月的藥，分明是「白賊」，騙醫生嘛！夭壽死囝仔，卡細聲咧，藥愛儉儉啊呷，才𣍐「打損」啦！當真被老娘打敗，殊不知所食藥量不足，會減損藥效，最後受傷害的不是別人，是我們摯愛的親人，是故與其叮嚀老人家，按時服藥，為免她的「儉食」捨不得「浪費」，倒不如多撥五分鐘，來個緊迫盯人，備妥並看著她吃，才能確保萬無一失。

傍晚時分隔壁「筆串」伊孫，提著宮內的輪值「香火牌」前來移交：「阿婆，阮公講換恁去燒香點火，「火牌」交乎恁」！明知她腳痛，走路不甚方便，然如此神聖的「工作」，任何人若與她爭，就是不孝，當然不敢忤逆，祇能順從並暗中偷偷的跟在身後，以防她不慎跌倒，當她進入六、七十年熟悉如「走灶腳」的宮內後，眾神明是她知交的心靈導師，那份虔誠恭謹，絕非年輕後輩所能及，單從她向一尊尊王爺跪拜的稱謂，都要冠上「王爺公祖祖」才能表達崇敬之忱，舉香祈求的內容，更令後輩折服，計有：「大細平安順俗頭殼硬」，「保庇阮子、阮孫、阮甘啊孫……、阮台灣……子孫好賺食，勢讀冊，出門遇到貴人……」長篇內容無一遺落，且歷時至少三、四十分鐘，若無過人的「口才」，超凡的記性，一般人是做不來的，有時候忍不住暗想：阮安娘，講那麼多，求那麼多，神明是否記得起來！

在炎炎的夏日，暑氣逼人，曬穀場的水泥地，被酷熱的赤日頭晒到冒煙，唯有「巷仔溝」是最佳的避暑所在，陣陣的南風吹來透沁涼，村人們「知空」大夥群聚，「椅條」、「勾椅」散置各角落，眾人默契十足，謹遵輩份找到自己的位子，唯一較突兀的是叔伯們，仍然喜歡雙腳蹲在「椅條」上，話匣子一開，天南地北無所不談，就連嚴肅的政治題材，也來上一段。

從李登輝，一路到陳水扁、連戰，由於政治話題，鄉下婦人家普遍較為陌生，在一旁隱忍很久，又插不上話的「阮安娘」，憋不住了想要開口，又怕別人插話，脫口就是：大家好心ㄟ

阮先講：「金門有十三陳，啊姓「陳」ㄟ阿扁啊，唔知係唔係「陳坑」人，另外連戰可能唔係金門人，因為咱金門姓「連」ㄟ足少ㄟ」。語畢眾人莫不捧腹大笑，真擔心「阮三叔」一個不留神，會從椅條摔下來，此時的「阮娘」依然不解眾人何故大笑，又補一句：「咁阮講唔著，啊嘸大家嘛ㄟ「瘋坎」笑！眾人眾口一致：「對啦！汝講ㄟ對，對、對」。

今日天氣特佳，台金班機正常，十點不到，送信的郵差已開始送信了，「阮安娘」依慣例，不論有信件或無信件，總是會站在厝角邊，殷盼台灣的子孫寄來信件，此番的等候，果不令其失望，郵差扯開嗓門：「阿婆，有恁ㄟ批，擱這大封，可能係恁台灣ㄟ子孫寄錢，欲來乎汝開」。一邊的鄰居「添壽仔」插話：「嬸仔，可能係『番屏』（註一）寄『鐳』（註二）喔」！碗糕啦！光天白日，嘸聽著半隻「錢鼠」在叫，那來的番屏寄鐳？「壽仔」，緊幫阮看嘜，看是誰寄的。

「嬸仔」：係台灣「××」縣市啦！喔，係阮大漢「新婦」寄ㄟ啦！伊就係住在「××」縣市，信中又附上一疊相片，「嬸仔」，恁「新婦」講恁孫已經生下了「甘仔孫」，汝擱做阿祖囉！恭喜喔！「嬸仔」汝看、恁「甘仔孫」ㄟ「南鳥仔」蹺ㄉㄉ！斯時的「阮安娘」緊盯相片不放，深怕一閃神，「甘仔孫」ㄟ小小鳥會從相片中飛走，心中的喜悅難以形容，唯一想到的是走進雙落老厝的公廳，擺上相片，燃起三柱清香，又是一長串的稟報詞，二眼泛著興奮又滿足的淚水，重點祇有一句：「真係祖公有靈顯」。

而做「阿祖」的心情，是可喜可賀，是中三個字二佰元樂透所無法比擬的，但總不能鎮日隨身帶著「甘仔孫」的相片，逢人便要展示一番，還要請來人「品頭論足」，討來二句「呵咾」讚美的言語，才能平撫興奮的情緒，有時忍不住真要提醒他一下，恁「甘仔孫」嘸著褲，乎人看了了「歹勢啦」！然這一句話，始終說不出口，因為伊係「阮安娘」！

（註一）「番屏」泛指南洋。

（註二）「鐳」金門指錢之意。

十、轉臍婆仔英姑（上）

民國四十年初期，衛生院不興，醫療資源貧乏，村婦生育子女的大事，除少數「鏘腳」俐捷的婦人，自行ＤＩＹ完成，多數產婦臨盆，均仰賴莊內經驗豐富的「轉臍婆」協助接生，「英姑」就是其中一位「轉臍」的能手，以其不及一百五十公分的身高，瘦弱的身軀，加上七十幾歲的高齡，任您怎麼瞧都難以察覺她有過人的接生本領。

「英姑」平凡的外表，實際隱藏著早年「業命」坎坷的前半生，民國初年，三十幾歲的「英姑」生下四名尚待哺育的子女，時年浯島「苦旱」，五穀歉收，加上「內地」強損不時襲擾劫掠威脅，與其同齡的尪婿「財旺仔」，不免俗搭上「落番屏」賺食的風潮，身上帶著家裡積攢多年，僅有二十元袁大頭白銀，作路費兼創業基金，臨行前不忍孤妻幼子未來日子難熬，乃遺下二枚袁大頭供「英姑」度日，並拍了幾下胸脯「掛保證」：落番三年必回轉家園來帶「英姑」母子前去團聚。

頭一二年果真信守誓約，於年終的尾牙時節，央請專辦僑匯的信差，寄回折合台幣二至三百元以供安家，此時的「英姑」自然欣喜異常，寬慰「財旺仔」身在「番屏」異地，還是惦念她們母子。

惟令人納悶不解的是，寄來僑銀的同時，始終未見「財旺仔」寫幾句他的近況，或垂詢家裡是否安好的隻字片語，因此每回收到錢，「英姑」的眉頭總是帶著幾許糾結的愁容，內心忐忑難安，自忖夫妻數年，彼此性情均有充份的瞭解，昔日的「財旺仔」外向的個性，凡事藏不住，那張嘴鎮日嘰哩呱啦，每晚就寢前更是喋喋不休，真箇「話卡贅貓毛」！「英姑」當真被「吵」了很多年，如今在異地的「財旺仔」，一反常態，二個年頭皆聽不到他任何的音訊，難道出事了？

「英姑」祇往好處想：二年的僑匯並未間斷，証明他一切安好，之所以無親筆家書，全因為他「忙」嘛！心裡雖這樣想，然手腳卻不聽指揮，早晚三炷香叩拜公嬤的頻率增加了，大小金門的宮廟，不時均見她虔誠祈安的身影，惟禍事降臨即使神威顯赫的神明，亦難救無命漢，災厄就發生在「財旺仔」落番第三年的仲夏，臨村的「大頭義仔」較早落番屏，同在印尼東加省三馬林達縣做苦力，惟「大頭義仔」為人勤快機敏，工作第三年就獲老闆看中，委任他管理森林的開採工作，並且經多年的積攢，已賺進不少的銀兩，此番可謂衣錦還鄉，翻修瀕臨傾倒的一落二櫸頭，是他的頭件願望，順從她「安娘」幫他媒得一房標緻的媳婦，更是他回鄉的另項任務。

此時的「英姑」聞訊放下手邊工作，趕來向「大頭義仔」探聽尪婿的消息，剛開始見他面有難色，不太願意透露「財旺仔」的消息，然拗不過「英姑」苦苦的哀求，「大頭義仔」才鬆口說道：「財旺仔」已然不在人世，事情發生在今年的春天清明前後，擔任採膠苦力的「財旺仔」，概因思鄉心情苦悶，情緒不佳，與同公司之印尼「番仔」起言語衝突，復因出手毆打「番仔」成傷，原本單純鬥毆事件，且公司管事的領班亦出面仲裁，「財旺仔」因傷人理虧，還賠了二百元印尼盾作為醫藥費作善了。

孰料印尼「番仔」錢收了，還心有未甘，請出懂下降頭的母親，暗中對「財旺仔」下降施法，此時的「財旺仔」不知「番仔」陰險歹毒，依然如常上工採膠，約莫一星期後，身上遭施降的蠱毒發作，肚子腫漲如鼓、眼睛呈半瞎，幾乎分不出方位，耳朵全聾聽不到任何聲音，「

可憐代」的「財旺仔」，在舉目無親的番邦異地，呼天喊地皆不應，當天的夜裡就肚破腸流，活活痛死更令人氣憤難平的是，採膠公司印尼老闆，欺壓華工苦力，除了不給撫恤金及安葬費，又以「財旺仔」中降頭蠱毒，恐會殃及公司為理由，原本計劃當夜就要將他草草火化了事，所幸一名同公司的同安籍華工，仗義出頭，連夜將「財旺仔」的死訊傳出，「大頭義仔」與數十名金門同鄉，火速趕赴該公司，阻止草率不合情理的火化。

試問客死異鄉，死後無法面見祖宗，已為人間慘事，連最起碼的「入土為安」撫慰亡靈，印尼「番仔」老闆，都要歧視剝奪，真係膾勘ㄟ氣，想欲「訐」二句啊寄伊！才能宣洩心中的不滿，好在金門同鄉團結合心，知道「財旺仔」遭逢不幸，皆能踴躍捐輸，最後眾人商議，運靈柩返鄉路程遙遠，且國內時局亦不允許，迫於無奈祇好在印尼異鄉，將「財旺仔」入土安葬。

此時的「英姑」再也按捺不住了，當場慘叫一聲：「旺仔」！暈死過去了，醒來的時候，已經是在自家的眠床上，擁擠的房間圍攏了很多鄰居長輩，莫不安慰「英姑」要節哀、要堅強……惟頓失尪婿，萬念俱灰，內心祇有一個恐怖的念頭，祇是不敢出口，夜深了，安慰的人群散了，「英姑」緩步走向自家「深井」的那口井，掀開井蓋，右腳已跨進一半，突然耳際傳來熟悉的哭聲：「安娘」阮八肚飫啦！聲音有如電擊，不但震懾「英姑」全身，亦澆息了她心中那個恐怖的想法……。

十一、轉臍婆仔英姑（下）

坎坷、歹命，壓不垮堅強、剛毅的「英姑」，反而是命運之神特別給予的試煉，通過喪夫，獨立持家育子，為生活上山作穡、下海鑢蠔，飼豬增加收入等種種考驗，她成功了，成功的是四名孩子不因沒有父親，而餓死或停止長大，成功的是孩子長大後的「英姑」，對鄉里的那份回饋熱忱，成功的是不懼風雨，不懼寒暑，救人如星火的菩薩善心。

話說「英姑」會替人「轉臍」接生，並非天生，更無旁人教導傳授，全憑她吃比別人多的苦，經歷重重磨難，所練就異於常人的膽識，所謂凡事皆有開端，有一年的仲夏適逢風颱來襲，村外強風驟雨，路樹遭連根拔起，池塘承受連番豪大雨，早已溢滿淹過路面，魚兒被沖昏了頭，早已不識東西，胡游亂竄於溝底田邊，膽壯的少數村人用布袋圍捕，莫不滿載而歸，多數村人難得過個風颱假，上床夢幾回周公，唯一依然吵雜、熱鬧滾滾的是宮內，二張八仙桌早已圍攏三叔公、四嬸婆、芹菜嫂……喔「搏群湖」！恁真唔驚死，阮來報警察來掠！「訐」報汝一塊南啦！風颱天落大雨，「拍狗嘟唔出門」！

這是宮內的對話，五十公尺外的海墘奇景，更不容錯過，強風捲起數十丈的巨浪，拍打岸邊發出轟隆響聲，水花濺入岸際數十尺，遠比九月「中九降」還要壯觀，欣賞自然奇景，緊張刺激的背後，卻有一位仁兄「訐」聲連連，他不是別人那就是「坎豬仔」，他的「訐」是有道理的，原來他家幾畝地瓜田，就在海墘邊，經海水不停的濺潑，秧苗不鹹死才怪，難怪其發火，一旁的「田雞慶仔」，趕緊趨前安慰：嘜擱訐譙啦！今年地瓜歉收，尚嘸恁塊彼隻三年外的雞母，將要孵卵囉！恭喜喔！汝欲做老爸囉！到時要請阮呷油飯、兼飲滿月酒，若嘸汝著衰！

「田雞慶仔」不愧有讀幾年冊，安慰時機拿捏得宜，不但澆息「坎豬仔」那張令人生厭的「孝男面」，更觸動他內心的喜悅，瞧他祇能靦腆的嘿嘿嘿「頂仔疑」般，又極不自然的傻笑，就可感受「坎豬仔」做老爸，得來可真不容易，他三十歲娶某，事隔三年才獲送子娘娘的垂憐，讓他老婆有喜，這箇中的甘苦，除了佩服他永不灰心的埋頭「苦幹」外，最大的功臣，應歸功於伊老母「招弟仔」，誠心感動浯島眾路宮廟神明。

所謂：「有燒香著有保庇。」尪婿早亡，遺下孤子「坎豬仔」傳承家族香火，「招弟仔」內心的焦慮及壓力，可見一斑，如今神明開眼，叩拜三年的膝蓋已不覺得酸了，伊「新婦」終於有身孕了，即使尚不知腹中男、女性別，惟三年來遭受鄉里三姑六婆，笑伊「新婦」係嘸卵雞母，及嘸籽西瓜等難聽評議，終可止息了，且伊「新婦」的臨盆產期，就在今年仲夏，算算時日抱孫的好事將近，「招弟仔」不由內心竊喜，唯觀今日風颱天，屋外強風驟雨，內心又蘊藏著幾許憂慮，不自主的走向老厝公廳，燃起三柱清香向公嬤及歷代祖先，祈求保佑「新婦」及腹中胎兒平安，並特別囑明：今天颱風天，外頭風大雨強，千萬保庇「新婦」不要在今天生產。

「招弟仔」拜完公嬤，仍不放心，特別端了一碗公預先準備麻油雞，給「新婦」進補，順便察探是否安好，眼見「新婦」胃口奇佳，一會兒工夫即吃得碗公見底，斯時才放下一顆不安的心。但事情就是那麼湊巧，入夜凌晨二點時分，伊「新婦」開始有異樣，腹痛加劇，不時「唉爸叫母」的嚎叫，一旁缺乏經驗的「坎豬仔」，猶不懂憐香惜玉，反而說道：汝太飫鬼咧，日時一個人，哮半隻麻油雞，一定係呷歹八肚，屎哪拉拉咧，著嘸代誌啦！睡在「後落」的「招弟仔」，驚覺不對趕來察看究竟，不看還好，一看忍不住開罵：汝這夭壽死囝仔，恁某欲生啊、汝啊擱唔知。緊乀啦！緊去「東甲」請會曉「轉臍」的「英姑」來接生啦！安娘：外口風颱天擱落大雨，伊咁ㄟ來。

會啦！緊去啦！而「英姑」會「轉臍」並非天生，全因她比別人歹命，比別人堅強，生囝子時自行忍痛接生。此刻「坎豬仔」急促的呼門聲，加上鐵鎚般的拳頭，搥打門板發出：砰砰砰的聲響，「英姑」縱使「轉臍」的經驗不足，想著救人一命的信念，不管風險及暗夜風雨，祇好硬上，所幸「天公伯仔」垂憐當年浯島子民，在缺乏衛生醫療技術來護持孕婦的年代，卻賜給我們一位在世菩薩，她就是「英姑」，她沒有受專業接生訓練，但她卻膽大心細從不曾失手，時值民國九十年代的今天，受她幫助降生者，計有老師、醫生、大老闆，及一般販夫走卒，估計不下數百人，願受惠者讓我們一同禱唸：阿彌陀佛、感謝在天上做佛的那位菩薩——「英姑」。

十二、土水師的哀愁

農曆年後的中午時分，天空飄著細雨，空盪盪的海墘，分外蕭瑟，刺骨的東北季風依然冷冽，海浪一波跟著一波，打在消波塊上聲音還是挺嚇人，就連向來香火鼎盛的六甲西宮，今天也倍覺冷清，彼岸大嶝「蹺嘴仔」、同安的「歪頭仔」，均不見做買賣的船影，也難怪哪些扮演官兵的「海巡仔」，不知躲到哪裡藏龍，想起平常個個眼神銳利，祇要村人從海棚挑起蠔擔，或肩揹「開仔」，他們哪雙有如「牛卵葩」大小的眼睛，無不死盯猛瞧是否有走私品，這也難怪生養在這片海墘腳的子民，內心總是有一把怒火與不平，想想從早年戒嚴軍管，駐軍設立漁蚵管制哨，對村民下海剷蠔，漁撈作業，何止是管，上等的魚貨就這麼一管，很自然就進了軍營的廚房……。

如今哪塊戒嚴軍管招牌已然卸下，數十萬駐軍祇剩小貓二三隻，哀嘆的鎮上商家沒有生意上門，祇好養蚊子度度小月，目前雖處「寅吃卯糧」的窘境，但好歹鼎盛的生意他們曾經擁有過，惟若相較於不論寒暑，均要挺身下海作業的海墘腳子民，從戒嚴軍管的「順民」，一路下來到如今個個已垂垂老矣！論理老人總該退休，老人總該在家裡含飴弄孫，享享該有的清福，但他們卻沒有哪種福氣，原因是海墘腳子民的宿命，是無法認識太多字，因為大字不識幾個，才能甘心死守祖輩所遺留的基業，而他們的子孫後代，多數亦難逃惡性循環的糾纏，身上亦留著認字不多的基因，即便不繼承祖業，頂多僅能從事耗費體力的「土水師」工作。

今日分外冷清的海墘，唯獨見「福泉仔」孤身一人的身影……五十開外的年齡，黑得發亮的膚色，更顯得比實際年齡蒼老許多，今日的寒冷天氣，他依舊穿著哪雙破拖鞋，沿著海墘水泥路面踱步，他雙目低垂若有所思，是剛不捨才送走返鄉過年的子女，還是正為他們在台灣就讀私立大學，近二十萬元的龐大學費發愁，這眼前的經濟壓力，應該是他內心的痛，但瞭解他堅毅個性的人，皆明白這不是他的致命傷口……。

算算日子元宵節已過好幾天，為何還不見他去上工呢？是因為連日早到的春雨而影響工程？還是身子不適，或是家裡有事耽擱，原來這都不是他發愁的原因，過完年後他有如「犀牛望月」的盼著、等著，等什麼？等他年前二個多月的薪水工資尚未領到，盼什麼？他盼已經合作近三十年的老闆，何日通知他去上工，他不敢怨懟老闆積欠薪水，害苦了他這個年，他面對子女依然強作鎮定，裝作什麼事都沒發生，深怕他們憂心學費，而影響台灣的課業，他的內心依然對老闆心存感恩，感謝他這些年的照顧，他依然相信老闆祇是暫時有困難，時候到了還是會通知他們去上工。

傍晚時分垃圾車準時報到，「福泉仔」拎著二大袋打包好的垃圾，在巷仔口候著，車終於來了，來人是他隔壁村的「坎豬仔」，一見面，「坎豬仔」劈頭就是一句：訐，過完年這麼久，還不去上工，真是好命喔！此時的「福泉仔」祇能強顏傻笑，但內心糾結，他開始慌了，想想人家同樣大字不識幾個，但掌握了機運進了清潔隊，如今工作穩定，成了「公務人員」，每月四萬多入袋，看看自己，明天的工作還不知在哪裡，想到此，內心更是焦急，晚餐時刻，賢慧的老婆還是為他準備豐盛的佳餚，有他喜歡的香煎白帶魚，及二道青菜，但他依慣例，還是率先為她哪位八十老母挾一塊魚，自己卻大半天祇吃白飯，好像無視白帶魚的誘惑，他老婆看在眼裡，內心已有所感，祇是不忍去揭他的痛處，晚餐的氣氛凝結，偌大的公廳更顯得死氣沈沈……。

晚上八點正，「福泉仔」貼心的長女，由台灣打電話回來報平安，此時的他終於可以得到短暫的歡愉，他告訴女兒：出門在外，當用則用，尤其吃食絕對不能省，天冷要記得添購衣服……。至於家裡一切安好，他則是每日「快樂」上工。入夜後北風咻咻作響，震得鋁門窗不規律的晃動，他雖然身體疲累，但是躺在床上就是翻來覆去，無法入眠，老婆見他這般光景，除了心疼，實在擠不出哪一句話語來安慰他，漫漫的長夜長此下去，空氣祇會更加窒息冰冷，突然「福泉仔」么 喝一聲：訐，放尿啦！衰尿放放耶，看明天運氣耶卡好……。

十三、跛腳慶仔的一生（上）

嘟著嘴，表情嚴肅，額頭三道明顯的土地公紋，是他獨特標誌，內向寡言，不喜歡與人攀搭互動，他就是村人口中的「跛腳慶仔」。他少一條腿殘疾，並不是與生俱來，他內向少與人打交道，更不是他的本意，不瞭解他的人常以貌取人，給他冠上「孝男面」、「黑肚番」、「大逸肖」……等等不雅的稱號，全因孤癖內向，才會引起眾多村人對他的誤解，鄉老「牛港叔」與他同齡，說道；「慶仔」早年英挺，個性開朗，喜歡說笑又熱心助人，在鄉內可謂人緣甚佳。惟到了二十幾歲起嬲肖某的年齡，全因家貧，兄弟眾多，他家又未養童養媳，可供長大「做大人」，而時年結婚娶某，所費不貲啊？最後實在無法可想，衹好委身隔壁村入贅。他老婆是娶到手了，惟附旦書條件是「慶仔」必須跟妻家姓，且生得頭胎男丁，將歸屬妻家所有。

「牛港叔」認為「慶仔」個性不變，宛如變另外一個人似的，絕對與他入贅妻家，脫離不了干係！因時年普遍赤貧，男人過了適婚年齡未娶者，比比皆是，他們內心皆有一個執著的想法：即便沒錢討不到老婆，也不願意給人招贅，何況還要改姓呢？所以「慶仔」個性會變，變得孤癖，變得寡言，變得不想理會天下人，說穿了就是「自卑」二個字在作祟，因為他自認，人前就矮人一截，與人四目交會，還要閃避旁人異樣的眼光，當年他內心的苦，可謂有口難言！所幸妻家的父母過世得早，入贅第三年「慶仔」少了顧忌監督，他舉家搬回村莊住，哪時他有妻子跟隨，且多了個跟妻姓的兒子，雖說回家居住壓力減輕，但他內心仍然無法釋懷，而體貼的鄉人仍儘可能不去揭牠的傷疤，試圖緩和他自卑的心房，但所謂「蛇入瓶中，曲性原在」。

孤癖的個性，終非短時間所能改變，尤其哪一年的清明節，二件事情的誤解，更加深他對族人的怨懟，最後索性來記「使破爛」招式，「贅姓」我就是不改回來，擺明著向族老們嗆聲：意味著老子不做，你咬我啊！殊不知「慶仔」此舉，根本礙不著鄉人，唯一礙著的反而是他家公廳，哪幾尊刻著自家姓氏的神主牌，所謂「行不改名，坐不改姓」。唉！鐵齒「黑肚番」的個性，真是害人非淺啊？

想當年哪二件事情，全屬誤會一場，第一件事是「慶仔」輪值清明「吃頭」的頭家，他原本興高采烈，想來操辦一場隆重的族人餐會，惟當年大、小金門，不論交通或電話連絡，是多麼不容易啊？導致參加人數統計有誤，原本準備十幾張桌次的菜，竟來了進二十張桌的人，試問一下子叫輪值頭家，如何變出哪麼多菜供人吃食，最後外鄉族人多半空著肚子悻悻然離去，「慶仔」自認顏面盡失，他更遷怒族人協辦不力，根本是存心看他笑話，他氣急敗壞，撂了一句話：日後族人聚會，他一概拒絕參加。

第二件令他無法釋懷的事，是發生在冬至祭拜祖先的糾紛，當日清晨天剛微亮，「慶仔」知曉冬至節日，是族人聯合祭拜「高昇祖」的大事，為免擔誤祭辰，故他乃提早前去海裡鏟蠔，臨行前還特別囑咐妻子，盡早烹煮幾道像樣的「菜碗」，以備其返家即能參與族人的祭祖活動。

惟是日海邊無風影響潮汐漲落，導致鏟蠔工作受到擔擱，待其返家卸下蠔擔，廳堂的壁鐘也才走到十一點四十分，內心自忖著：時間尚早，應可趕得上祭辰。他備妥香燭銀紙，挑著「菜碗」往祖廳進發，一抵達目的地，才發覺事情頗不尋常，以往的喧鬧吵嘈，今日卻異常安靜冷清，當進入祖廳卻看不到半個族人身影，惟案桌的蠟燭，還燃著火光—剩下大半截，香爐的香還有餘燼。此時他澈底明白了，他明白族人根本無視他的存在，十二點未到，竟然已先完成祭拜儀式。他試圖想忘卻「入贅」的自卑感，可是哪種罪惡感又湧現心頭，他思緒已雜亂，彷彿看到族人對他的鄙視與訕笑的嘴臉，廳堂漫著不有善的氣氛，更加撩起他心中哪把無名火，熾熱的火焰，燒得他胸膛幾乎喘不過氣來，也燒得他理智漸漸消失，他不自主端起「菜碗」，往地上使力一摔，一盤破碎到六盤全碎，清脆的破碎聲響，讓他慢慢恢復理智。

惟「慶仔」他心念已決，他內心起誓：從今往後，不再參與族人聯合祭祖活動，即便再崇高的「開基祖」，在他眼中已不復存在了！他祇想「一人一家代，公嬤隨人裁」他想跟族人澈底劃清界線，惟所謂「有拜有保庇，無拜出代誌」，他由於誤解族人心生怨懟？原本祇想「自掃門前雪」，熟料不久竟引來一場禍端……。

十四、跛腳慶仔的一生（下）

所謂：「萬般皆是命，半點不由人」。牛港叔他記得真確，民國五十年初，時序進入「大寒」的農曆初十六日，牆上春牛圖標示：日值受死與重喪大凶之日，煞東沖兔……。向來日子吉凶，對海的子民本無多大意義，即便刮大風下大雨，為了三餐溫飽，該下海鏟蠔抓魚，還是得去。但當天卻是「慶仔」屬兔命格的死劫，他雖不致喪命，惟卻帶給他永生無法抹滅的傷痛。

事情的發生說來奇怪，當日清晨四時許，潮水已退，鄉人不分男女，頂著冷冽刺骨的寒風，挑著空蠔籃往海口進發，抵達漁蚵管制哨時，概因時間尚早，佈滿流刺網的海門尚未開啟，鄉人焦急如焚，因潮汐漲落不等人，誤了時間，等於少了蚵蠔採收量，內心明知哪位「歹肖」的「北貢」班長，此刻還在床上好眠，但礙於兇悍鴉霸的淫威，祇得乖乖候著，時間到了接進五點，才見哪位「北貢」班長，提著鑰匙，臉帶慍色前來打開海門，惟不改其顢頇本性，劈頭就對著鄉人一陣：馬里加畢，吵得老子沒覺好睡，下次再惹毛老子，就不開海門，讓你們喝西北風去！

「北貢仔」著實可惡，誤了鄉人作業時間，嘴巴還口出惡言，此刻終於有人沉不住氣，以潑辣著稱的「冬姑」，回了幾句「北貢」聽不懂的土話：鬼甲汝掠去，乎王爺公甲汝掠去牽馬！經此回應，鄉人雖然討回一點顏面，惟「北貢」班長，猶如鴨子聽雷，頻頻以說啥！說啥！試圖要鄉人替他翻譯，但面對他哪張厭惡的嘴臉，心裡已是夠賭爛了，當然沒有人會去「鳥」他囉！眼下最要緊的是，深怕誤了鏟蠔工作，故一進了海門無不加快行進腳步，沒想到平凡的「快步」，卻救了他們一條命，因為鄉人都渾然不知，生死噩運全在哪「一步」之間！

而災厄卻是降臨在「慶仔」身上，說來也是個性孤癖害人，他向來不喜歡與人結伴，今日見眾鄉人聚集，他刻意放緩行進腳步，待眾鄉人與他距離拉遠時，他才緩步進入海門，當他下了階梯，伸腳踏入海砂的一刻，災厄便發生了，祇聽到「轟隆」巨響聲！撼動了整片海域，哪一刻鄉人無不受到驚嚇！以為結束不久的戰事又爆發了，紛紛棄置蠔籃，拔腿就是往回家的路狂奔！

當他們抵達海門前沿，看到的是血腥！驚悚！「慶仔」渾身是血，倒臥血泊之中，見他一動也不動，鄉人莫不搖頭直嘆：「慶仔」恐怕命將不保了！半個小時一過，才見軍方醫護吉甫車前來施救，而向來顢頇鴉霸的「北貢」班長，此刻卻反常，他不但臉色慘白，身體還明顯的顫抖！原來他是肇禍的原凶，早年兩岸對峙，海岸砂灘佈滿地雷，就連鄉人日常行走的出海口，也不例外，不同的是出海口佈滿的是機動的「腳踏雷」，目的是補強佈雷死角，惟必須是入海的鄉人淨空，於關閉海門的晚上才佈上，待清晨開啟海門時，就必須拆除避免傷害百姓。

今日「慶仔」無辜受害，全因軍方的人為疏失，難怪禍首「北貢」班長，會嚇得「皮皮銼」，所幸後來「慶仔」的命是保住了，惟失去的卻是一條腿，當年浯島百姓的命，也真箇不值錢，軍方只負責醫療，並不給任何賠償，就連一句道歉的話語也省下，最令鄉人難嚥一口「鳥」氣的是，「北貢」班長僅被關了一個半月的禁閉，就被放出來，他頂著大光頭還是照樣在海口罵人！

而出院返家的「慶仔」，他身心皆受創，每每望著哪條斷腿，僅能獨自垂淚，初期為閃避鄉內異樣的眼光，以裝睡來規避鄰里對他的探視，最後索性緊閉大門，隔絕與外界的互動，但日子終得過，妻兒終得吃飯，田裡莊稼終得耕種……這些現實擺在眼前的問題，若不克服，他祇能在家等死！

鄉老對他的問題，看得通透，為免傷他自尊，囑咐鄉人閉口不談他的斷腿，並輪派鄉人按季節，為他家的農務代耕，遇有剩餘蔬菜瓜果，逕往他家裡送，鄉老說：頑石終會點頭，何況是人哩！而「慶仔」真的轉性了，他家的大門打開了，人也變得柔和多了，嘴巴不再成天嘟著，額頭土地公紋，漸漸消失了，唯一沒變的是他依然寡言，但他家卻不時還會傳出歡笑聲，由老二男的、老三女的、老四、老五男的相繼的出生，証明他已走出斷腿的陰霾。

牛港叔說：「做人」為成功之本。因為會「做人」，表示斷腿的問題根本不存在！而「慶仔」也當真是成功了，艱苦的日子並沒有埋沒他對小孩的教養，老大早早從軍還官拜上校，退役後還當上某大公司的經理，其他子女，也都有正當工作及好歸宿，想必此刻在天國的「慶仔」，是　含笑而不再孤癖了！

叁：傳說異志

一、強摃掠傳之（一）賊窟

俗話說：送葬卡好「強摃」。意思是說人死出殯、親朋好友基於情誼，專程陪同喪家，送往生者入土為安，過程中雖然要冒幾分犯沖、著煞的風險，惟送葬者祇要謹遵「師公」的提點，適度的迴避，均能輕易的避煞擋災，且事情結束後，還能飽餐一頓喪家準備的宴席招待。至於「強摃」則就不是「好空頭」的事，「強摃」之意：就是強行攻破門戶，公然進入內堂搶奪財物的劫匪。因此在家鄉，若對「送葬」與「強摃」作一民調公投，「送葬」必獲壓倒性的勝利，倘若有人鐵齒，膽敢選擇「強摃」，則那位仁兄想必是「壽星吃砒霜」，自尋死路。

到底「強摃」有多麼恐怖呢？話說昔日的浯島金門，做「安娘」的哄騙「細子」入睡，最快速有效的辦法，不是今日的大野狼與小紅帽的新戲碼，若說是虎姑婆專食不睡覺小孩的手指頭，倒也有之，祇是浯島金門不產老虎，若戲碼一再濫用，容易被拆穿就不靈了，而最佳安撫嬰孩入睡良方，莫過於威嚇：「嘸緊睏若乎『強摃』聽到，汝著乎掠去賣」等。此語一出，再怎麼「九怪」（頑皮）的嬰孩，必定會識趣地「惦惦」睏覺去也，由此可見「強摃」的可怕，早已深植入嬰幼兒的小小心靈中。

「強損」的惡狠霸道，終究還是人，他們還是要娶某子，生養後代，他們還是要有一處可供棲身的窩，我們稱它為「賊窟」，一般較為呆板印象，總是認為賊窟必然位處深山林內，然實則並非如此，以明、清至民國初年，劫掠浯島金門最甚的「強損」來言，他們賊窟距離金門僅一水之隔的大陸「同安」。提起同安看倌們必然印象深刻，泰半均知曉昔日浯島金門，屬於同安縣管轄，有一句俗諺：「無金不成同」。說明雙方的淵源關係，論理有所謂：兔子不食窩邊草。自己縣內的人，不應劫掠自己人，然事實並非如此，若深入探究原因，除了飢寒起盜心，才會造成「人」無法飽食三頓，扮起強樑為禍鄉里。

真正原因應是浯島金門，四面環海的蕞爾小島，賊人犯境劫掠，如同籠中待捕的小鳥，更由於早年浯島先民「落番」求發展，致富返鄉定居者眾多，彼等皆為「強損」眼中的待宰肥羊，且洞悉浯島政府之兵力薄弱，缺乏自衛能力，加上同安連接廣大的大陸幅員，「強損」得手財物後，即能遠走高飛，逃避官府追捕。所謂：「軟土蝕骨」，既然浯島人善好欺，劫掠又沒有什麼風險，在賊人的心中想法，當然是「食好逗相報」，不搶白不搶，至於受害者的命運生死，則全然不在賊人的思考之列，否則他們就不叫作「強摃」了。

「強摃」之所以張狂胡為，是有組織及帶頭首領，若細數同安「強摃」中的翹楚，不得不提清朝嘉慶年間的大海盜蔡牽，他雖然無劫掠浯島的具體事證，然背後的原因，應是金門僅係彈丸小島，在蔡牽的眼中，不夠肥厚，根本看不上眼，否則我看難逃浩劫，而蔡牽與金門到底有無瓜葛，否則其同安的「強摃」同鄉，為何老是陰魂不散，老是找金門下手呢？

依筆者推斷，應是同安後輩「強摃」，為替蔡牽報一段「老鼠仔冤」有關。據《金門縣志》之邱良功傳記載：清嘉慶十四年，邱良功升任浙江提督，與王得祿所率閩師會軍，聯手夾攻蔡牽，逼得蔡牽與妻投海自盡。而剿牽有功之邱良功，正是金門後浦人，因此賊人「挾怨」報復，衍生對金門的劫掠並非不可能。而「賊窟」與浯島金門僅一海之隔的同安，兩地近在咫尺，即使有通天遁地之能，他們的老巢賊窩不論是怎麼隱密，外界總能窺探出些許端倪。

據鄉內耆老年過八十的「碰皮伯仔」透露：據渠少年「時脺」在同安一戶有錢人家，受雇擔任長工時，經常聽當地老輩提起「強摃」的賊窟所在地，分別遍佈在同安縣之「過任」、「瓊頭」、「石任」等村落（按耆老口述音譯均屬舊地名，與現今地名恐有出入，若有不足謬誤，冀望地方文史前輩提點補正）彼等幾乎是全村扮強樑，戶戶皆「好漢」，舉凡他們派出先遣人馬過海，選定金門的下手目標後。翌日入夜前，必定會有一名賊首肩上扛著一支七、八公尺拖地的大竹竿，發出「掠」、「掠」、「掠」的聲響，目的是在提醒村內「強掮」同夥，示意做好準備，入夜將渡海「做買賣」。因此浯島金門老一輩的長者，亦將「強掮」的特殊舉動，統稱為「拖竹篙仔」，意為劫掠欺壓良善的賊人。

二、強攋掠傳之（二）攋油

「攋油」之意，就是「強攋」運用懸吊的巨石、或巨木撞破大門，公然進入屋內劫掠財物，或是綁架屋主作人質，作為日後勒索錢財的手段，昔日同安「拖竹篙」（強攋的別稱）的賊人，劫掠浯島金門，慣用的並不是他們擁有超凡的武功，他們所憑靠的是人多勢眾，擁有龐大精良的槍械及刀劍，加上一顆心狠手辣，殺人不眨眼的歹毒心肝，像如此亡命匪徒，試想浯島一般手無寸鐵的良善平民，當然祇有束手就擒、任人宰割的份囉！

況且「強攋」為惡，並不是俗話所說：「惡人無膽」。他們不但惡向膽邊生，而且還有一顆聰慧奸巧的頭腦，懂得如何製造鄉人驚悚恐慌，懂得如何先期派人偽裝摸底探路，更懂得如何用金錢利誘收買鄉人，作他的內應，供他作馬前卒的驅策。因此「強攋」為害浯島，不論主客觀因素，均佔優勢，若以今日的角度來言，該死夭壽「強攋」，根本將浯島金門，視為他們私人的「提款機」，且漫無止境的自編「額度」壓搾、再壓搾，而唯一不同的是當年無須使用提款卡，所採用的較不文明，且較粗魯的「攋油」作為工具。

話說賊人「揁油」的目標，一般選定南洋致富返鄉定居的「番客」，其次係鎮上生意活絡，或是規模較龐大的商家，還有鄉下財產豐厚的大地主（田僑仔），而劫掠對象不同，方式及手段亦有調整，例如「番客」泰半係以劫奪財物為主，應是視之為有錢的大肥羊，且以當時的幣值，「番屏錢」較為值錢，加上洞悉有錢人較為「惜性命」的心理，「揁油」較不會遭到頑強的抵抗容易得手，至於鎮上的商家，被洗劫的往往不單是一家受害，誇張的是經常整條街同時遭殃，另外對鄉下大地主的劫掠方式略有不同，多數是以綁票勒索為主，其中的原因大概是，鄉下人較為財不露白，且房屋寬廣，財物易於藏匿，不容易被賊人識破之故。

再談「強揁」劫掠浯島容易得手，靠的是一顆奸巧的頭腦，在他們欲渡海「做買賣」之前，必定會派遣一批探子來金門四處探路，通常穿著平凡樸實，喬裝賣胭脂水粉的賣貨郎，四處查探走動，天性善良的浯島百姓，根本無法察覺來者的底細，一旦探子鎖定那一戶是肥羊後，會暗中在牆上畫一圓圈的符號作為識別，入夜後賊人出動，那戶人家便要倒大楣。另外「強揁」花錢收買內應，一般是選定賭徒，及鎮日遊手好閒不學好的「浪蕩子」下手，抓住他們「欲食不討賺」的「貧段骨」特性，給些金錢或好處後，便甘心為賊人所驅使。

民國二十三年七月間，同安「強損」百餘人連夜洗劫沙尾街上，強奪財物數萬元，並綁走商人張義足等五人，據鄉內耆老「龍伯公」口述：當年沙尾街上之所以被「強損」洗劫，原因是「墨賊同仔」積欠布行三百元無力償還，且經布行數次催討，雙方結下仇怨，「墨賊同仔」索性一不做二不休，勾結同安「三點會」「強損」前來「損油」，導致沙尾街上數間無辜的商家，同受無妄之災連帶被劫。最可憐的還是張義足等五人無端被綁走，彼等皆為良善好人，從不「拗人秤頭」，可是「強損」根本不辨善惡，照樣綁人壓榨錢財，十足可惡至極。

民國三十四年抗戰勝利，是年十月間「強損」不因對日抗戰，取得勝利而歡慶或縮手，反而於翌年三月間，青嶼旅菲華僑張仲謀之住宅，遭到同安「強損」的「損油」，該場浩劫，聽聞起因是有一位同村外號叫「筆串盼仔」的仁兄，其人每日遊手好閒，為村內公認的「浪蕩子」，有一天「筆串盼仔」看準菲僑張仲謀家所飼養的一隻大公雞，正欲偷抓的時候，突然遭張家所養的一條大黑狗，很不客氣的在左大腿啃咬一口，此時「筆串盼仔」賊星敗露，非但不思檢討，反而獅子大開口，向張家索賠五百塊錢醫藥費，張家當然不是省油的燈，知道「浪蕩子」的底細，且現場雞毛掉落滿地，當然拒絕無理的敲詐，雙方因此結下樑子，「筆串盼仔」為報「狗咬」之仇，乃勾結內地同安的「強擯」，前來「擯油」洗劫，所幸張家僅是財物受到劫奪，人命並未受到傷害。

民國三十七年四月間，也就是國軍敗退台、澎、金、馬的前夕，吳坑旅菲歸僑鄭廷海之住家，遭到「強擯」大肆的「擯油」，人員雖無傷，惟錢財損失慘重，計估損失法幣二十餘億元（按概因當年的幣值較薄，否則簡直是天文數字），聽說事件的起因令人匪夷所思，有一位綽號「鱸鰻火仔」，一日傍晚因尿急，也顧不得禮數，在鄭家大厝牆上撒一大泡的尿，適巧被菲僑鄭廷海看到，出言訓斥一番，如此輕微小衝突，卻引來「鱸鰻火仔」不爽報復，招來的是一群悍匪「強擯」無情的「擯油」洗劫。若說浯島當年悲慘遭遇，應僅能用「業命」（苦命）來形容（本文遭「強擯」劫奪案例，引自《金門縣志》卷一〈大事志〉。

三、強擯掠傳之（三）賊途末路

浯島金門自明鄭以降，鄭成功標舉「反清復明」，以金、廈島嶼整經軍武，與清政府週旋，經多年的征戰，不論勝負，浯島金門的歷史地位，僅係扮演統治者的「踏腳石」，去則揮揮征衣戰袍，帶走的是砍伐巨樹充當戰艦，流下的是滾滾黃沙，及不堪耕種的荒土田園，且交戰火光未熄，另邊統治者勒命遷界內地，除了寄人籬下，遠離家鄉故土，就連清明時節，浯島先民的墳頭，早已荒煙漫漫，雜草叢生，是悲情宿命下的犧牲品，還是老天爺不經意的開玩笑，特別給予磨難勞苦的加重訓練呢？

想來皆非浯島應有的命格，老天爺做正事，更不會無端開例，對我們特別的「關照」，追究原因，是「人」惹的禍，是「恩怨」擺不平惹的禍，更是浯島淪為兩軍交戰的「戰場」惹的禍，所以衍生後來「強擯」肆無忌憚的劫掠坐大，官府鎮日開戰不休，還要征調百姓稅賦糧草，被剝兩層皮，在浯島順民傷口撒鹽，是誰造成的？我想歷史自有公斷，因為「凡走過必有痕跡」嘛！但我相信人在做，天在看，俗話更提及：「人要遵天理，天要照甲子」。

對歷史公案無力追討，因為目標太大，內情複雜，非凡夫俗輩所能比手劃腳，那麼交還給歷史，留給後人一些差事做，應不失為一個好辦法。

至於「強摃」劫掠浯島的這筆帳，總要算一算，並非筆者偏私單挑「強摃」，刻意找他們麻煩，理由實則很簡單，「強摃」為尋常百姓組成，既是同為百姓，當然有資格對他們談生論死，且浯島到處多是受害人的第二、三代苦主，更想知道「壞人」後來的結局，「賊途」到底是光明、還是黑暗，此時若不釐清，浯島當年經歷苦難的父老長輩，一提起「強摃」為惡，全身還是「皮皮剉」，入夜還難以入眠。

民國三十八年，兩岸兄弟相爭，打了數十年的內戰終於有了結果，中國共產黨獲勝取得大陸江山，戰敗的國民黨撤守台、澎、金、馬，此時雙方勝負已分，孰是老大、孰是老二已然見分曉，在輩份底定的同時，對同安「強摃」賊窟，亦起了致命性的改變，賊人的運勢隨即陷入窮途末路，尤其民國三十八年敗退的國軍，由二十二兵團司令官李良榮，率所部進駐金門，旗下二十五軍守本島，第五軍駐防小金門，同年十月十二日原屬金門管轄之大嶝、小嶝島亦被共軍攻克佔領，斯時兩岸兄弟「幹架」分家產，已告一段落，猶如俗話所說：「一人一家代、公嬤隨人裁」。

雙方既已分家吃食自己，各自家法內規，當然自己訂定，其中各自家內有匪類壞份子，當然要自行管教整治，也就是在這種氛圍底下，所謂：新人新政新氣象。向來強悍心狠手辣的「強擯」，既使有毛瑟槍、長管獵槍，加上「擯油」石椿，如何能與戰備精良的正規軍相比，所謂：「惡馬惡人騎，珍珠馬果真遇到那位『毛老爺』」。

此時的「強擯」已是日暮西山，聰明的當然是自行解散賊眾，從此改過向善，倘若反應慢半拍，或心存觀望，圖謀不軌，接連所要面對的是發配勞改、砍頭槍斃，絕不會對你客氣，因此家鄉有一句：「嚴官府出厚賊」，想來對「強擯」賊徒並不適用，「強擯」既是凡人，人都會怕死，在「治亂世用重典」的管理下，囂張的狠勁自然磨除，那雙沾滿血腥的雙手，自然被嚴峻的刑度，沖刷還原本來的膚色，如此被迫放下屠刀，想必心不甘情不願，然既已捨下罪孽，昔日「強擯」加諸在浯島的傷害苦痛，我們還要深究或報復嗎？

放眼台灣「二二八事件」，肇始於族群相殘，遺下的矛盾對立，表象上已弭平，然每逢選舉族群問題，始終被有心人一再的操弄炒作，仇視相怨的情緒，還是回到原點，倘若我們始終活在仇恨的陰影，無法跳脫出來，試問「冤冤相報」，何時何日才能善了呢？

況且今非昔比，兩岸中國人早已一笑泯恩仇，百萬台商大軍早已登陸做生意，早已不談過往恩怨，齊心開創中國人的光彩新世紀，回想民國九十年金廈進行小三通，那時候浯島金門，何種生意最好，答案竟然是「鐵窗業」，原因為何？竟然是我們的阿公阿嬤，擔憂昔日的內地「強摃」為害，深怕通航後，又回復到「強摃」劫掠、綁票勒索的恐怖經驗。因此咸認：安裝鐵窗才能安心睡覺。對於老人家擔憂，筆者要說：阿公阿嬤傠多慮了，現今廈門治安良好，同安早就不出「強摃」，更沒有「拖竹篙仔」半眠來「摃油」，可以安心睡大覺囉！

四、鳥雞仔仙傳奇

「鳥雞仔仙」，係啥東西，既非鳥，又非雞，實則乃係江湖術士，使符法，施障眼術，詐騙善良百姓錢財的「歹人」。清末民初年間，浯島金門與大陸內地相通，民間商業往來熱絡，內地三教九流之輩，大量湧入浯島「賺食」（討生活），更不知繁已，其中甚至有遠從中原黃河一帶的流民，大老遠跑來我們這個南方小島金門，謀三頓討生活，且人數在「呷好逗相報」的利圖下，流民越聚越多。論理中原黃河與金門之距離，有數千里之遙，若無重大變故或災難，任誰也不願意拋妻棄子，遠走他鄉，其中必有原委。

原來是清朝末年，腐敗無能的滿清政府，整治黃河不力，導致黃河幾乎年年氾濫潰堤，居民流離失所，無處棲身，為求生存，祇好往較富庶的南方遷移，所謂：「飢寒起盜心」。流民為求苟活，各各施展燒殺、搶劫、欺蒙拐騙等手段，「殺氣」遍及整個南方州府縣份，導致原本富庶安樂的南方百姓，人人提起黃河流匪色變，最後驚動官府出面，派重兵全面肅清緝拿，黃河流匪之亂，才逐漸受到控制，然事件並未就此結束，官府不派兵抓人還好，一抓，導致流匪四處逃竄，與大陸內地僅一水之隔的浯島金門，一下子即轉變成流匪逃避官兵，最佳的避難所，其中的一支流匪，專門擅長施展欺蒙拐騙的詐術，也就是家鄉老一輩口中所述的「鳥雞仔仙」。

彼等個個身懷絕技，本事一流，除了例行的打拳賣膏藥作掩護外，擅於畫符令，施展撒豆成兵，仙人摘豆，種葫蘆生菜瓜，更擅於吹咒「使符法」，迷惑人的心智，及借助金、木、水、火、土五行方位，遂行各種遁逃之術，其中最為人嘖嘖稱奇的法術，係剪紙人，隔空取物，可決勝負於千里之外，倘若今日能借重一兩位身懷絕技的「鳥雞仔仙」，央請他們大施法術，將對岸數百門對準台灣的飛彈摧毀，或改變發射方向，那麼二千三百萬台灣人民的安全，便得以確保，根本不再需要扮演冤大頭，花大筆鈔票向老美買武器，還凡事皆要看人臉色過活了。

然「鳥雞仔仙」的道行，並非神功護體，全無破綻或死角，否則真如筆者所言，可花大錢請他們當保鏢，必是物超所值，而事實非照所想，俗話說：「仙拚仙，豬八戒去睹到猴地天」。意思是說：「有法必有破」，再厲害的功夫，也會遇到對手。話說有一年仲夏，浯島臨逢「大苦旱」，農作缺水欠收，百姓艱苦仰賴地瓜裹腹，勉強度日，除非酬神做醮或祖先作忌，才有一小薄片豬肉嚐鮮解癮，就連沙尾鎮上豬肉舖的「豬忠仔」，皆連數日肉舖生意清淡，原本日宰一頭半的豬肉量，僅剩宰殺一頭還有剩，由於生意乏人問津，索性大白天推開躺椅，難得夢他一回周公。

「豬忠仔」正睡到唔知天地時，斯時「豬塾」的豬肉，開始起異狀，一大塊豬蹄膀連接後大腿，抖動三下後，很平整的與豬身分離，一瞬間整大塊後大腿肉，即憑空消失得無影無蹤，待「豬忠仔」睡飽回神後，才驚覺豬肉已被盜失落，當場問隔壁「賣菜琴仔」，和同行「膨豬進仔」，彼等皆異口同聲：生意清淡，別說看到活人前來光顧，就連半個神鬼麻嘸看著。「豬忠仔」，就因尾句「神鬼」的提醒，火速從抽屜取出塵封多年的龜殼，原來「豬忠仔」自幼家貧，十五、六歲即遠渡內地「賺食」，在機緣巧合中，曾與唐山師父學文王卜卦，及五行玄術的技法。在其備妥龜殼後，放置三枚銅幣，舉起連搖數下，倒出銅錢，再仔細端詳解卦，便知原來是「鳥雞仔仙」，運用剪紙人邪術，盜取賴以維生的豬肉。

所謂士可忍，孰不可忍，此時的「豬忠仔」，內心已有：「賊拚賊，魷魚呷墨賊」的覺悟，決心與對手「幹上」。故乃不動聲色，祇見其準備平時不用，最為鋒利的一把家傳屠刀侍候著，翌日生意如常清淡，仍然祇準備一頭豬販售。不同是「豬忠仔」此番在躺椅裝睡，時間接近晌午，果然有異狀，首先是豬肉身些微的抖動，此時的「豬忠仔」，由躺椅慢慢爬起來，左手拿一張預先準備的「定身符」，右手掄起那把家傳的屠刀，在左手貼符的瞬間，同時右手持刀，使出吃奶的力氣，剁將下去，斯時祇見血紅的鮮血四濺，並發出悽厲尖叫聲，原先抖動的豬身部位，憑空多出了五根人的手指頭，這時的「豬忠仔」，見機不可失，立即撕開「定身符」，將五根血淋淋的手指頭，用符包裹著，嘴裡喃喃自語說道：「使符法偷盜之人，當有此報，浯島百姓皆為良民，爾等不該軟土蝕骨，欺人過甚，倘若再不知進退，下次非剁手指，而是剁下腦袋」等云。說也奇怪，自從「豬忠仔」破了「鳥雞仔仙」的邪術後，賊人見踢到鐵板，「鳥雞仔仙」的身影，便逐漸從浯島的土地中消失，且日漸被後人所遺忘……。

五、找三姑牽亡魂

日前閒來無事，與屬於E世代的小侄子，聊起家鄉的民俗活動，當問起侄子何謂「三姑」，侄子一本正經的回答：「三姑」，應是阿嬤生的第三女兒，按侄子輩份稱之為「三姑」。若照字義解釋，應給予正確的滿分。然既是聊到地方民俗，所探討自然關於民間俗事，與阿嬤及姑姑何干，可以解釋的是，現今E世代少年家，對於家鄉過往俗事的無知，若從嚴肅面來說，民俗文化，若不妥慎薪傳，屆時恐怕連浯島的歷史，都要被E、F、G……等等更新世代人類，耗費殆盡。

所謂時間不等人，今日不做，明天會後悔，而且會「很後悔」。正經八百的話還是少說，否則便是「顧人怨」囉！話說「找三姑」，照明朝著名學者陶宗儀，所著之「輟耕錄」第十卷所記述：「三姑」是指尼姑、道姑、卦姑。而前二者屬修道之人，卦姑亦屬卜卦算命行業，與家鄉的「三姑」扯不上任何關係，反而是「三姑」的孿生姊妹「六婆」中，有一行業較為接近，「六婆」是指牙婆、媒婆、師婆、虔婆、藥婆、穩婆。其中之「師婆」，是指女巫，與家鄉之「三姑」，較屬同源貼近。而「找三姑」並非我浯島的獨門行業，放眼四海皆有，僅係名稱的不同，例如中國大陸，普遍稱為「找靈媒」，或「找靈婆」，而與我同屬閩南語系之台灣，則稱為「牽尪姨」、或「牽紅姨」，彼此雖有名稱差異，惟所職司的工作，皆是擔任「活人」與「死人」的中間橋樑，穿梭陰陽二界，為雙方代言傳話。

今日科學昌明的時代，「靈魂學」，尚屬待開發研究的一門學問，人之往生到底魂歸何處，以家鄉民俗，普遍認為「駕返西方」，極樂世界，然西方信耶穌基督的洋人，卻堅信人死，魂歸天國，故雙方風俗及信仰殊異，若要爭論下去，似必「吵死人」也不得其解。一般人咸認：死人不會說謊，故俗諺：「死人直」。可為印證，然「活人」卻不一定老實，因活人有好人與壞人，相對的「找三姑」，其中的「三姑」，也有好與壞，因為他們替死人傳話，傳話的過程，會不會膨風失真，全憑當事者的職業道德。

筆者多事，願將所謂「找三姑」粗略儀式過程點滴，與讀者們分享，箇中之良善真偽，端視各人客觀專業的判斷，所述僅供參考：「找三姑」，一般需要擇日，最佳日期為「食菜（齋）日」，例如每月農曆初三、初六、初九、偏向單號為「菜日」，而家屬欲出發「找三姑」之前，應記著先於自宅祖廳，點三支香，稟告欲找的親屬亡靈，呼喚亡者前來會面。抵達「三姑」住所前，一般「三姑」會囑咐家屬，在入口處大聲呼喚欲找的亡靈，及表明家屬身份，唯筆者認為無須多此一舉，因呼喚及表明身份，無疑「洩底」予「三姑」。

待進入室內，若家屬是排第一位「找三姑」者，需備「順盒」（果品）及金紙，然後點三支香向「三姑」所供奉的「前世」神像，祈求祭拜，表明欲找何人，往生日期等，隨後「三姑」坐定位子，燃三支香、祭金紙，嘴巴喃喃有詞，全身靈動，搖頭晃腦，手搥敲打案桌，耗時約五至十分鐘，才進入神靈附身。

而「三姑」開始下地府找亡魂，時間約十分鐘，亡魂牽上來後，「三姑」便開始用歌仔戲曲調吟唱，一般會轉換成亡者男音或女音，甚至罵三字經，以取信家屬，過程中必定會講：亡者生前種白花幾朵、紅花幾朵。其中之白花，代表兒子，紅花代表女兒，至於幾朵則是代表幾位子女，而亡魂與家屬會面時間約十五至廿分鐘，最多不超過三十分鐘，若時間過長，「三姑」泰半會說：地府事情很忙，亡魂趕著要回地府報到等等。一般識趣的家屬便知道，會面要結束了。至於「找三姑」的收費行情，細分為「牽新魂」與「牽舊魂」二種，新魂泰半收費台幣伍百元，舊魂概容易牽，收費台幣四百元。

而「找三姑」的過程，亦曾鬧了幾則真實的笑話，揀其中二則，分享大眾：其一民國五十年初，有一鄉下老婦，前往「找三姑」，昔日正處戒嚴軍管，軍方為破除迷信，對「找三姑」的活動，更被視為迷信的首惡，故乃命令警察機構嚴加取締，凡遭查獲必遭罰錢懲戒，適時正當老婦「找三姑」，好不容易找到失散多年的「老尪」亡魂，掬好幾把老淚的關鍵時刻，斯時屋外有人喊警察來了！頓時「三姑」強裝鎮定，立即編一理由說：外面落大雨，我家晒穀場的花生還沒有收，我要趕緊回去，遂逃之夭夭去也，而當天太陽赤炎炎，根本沒有下雨。

另一則是「三姑」見錢眼開，忘了正在起乩的身份，一般人「找三姑」，泰半忘了帶零錢，故有時賒欠「三姑」紅包錢在所難免，其中就有「三姑」，在起乩牽亡魂熱鬧進行當中，突然停止靈動，開口一句：汝欠我的四百塊，到底什麼時候要還。更甚者也有家屬拿張大鈔，表明沒有零錢，而「三姑」竟忘記身份，脫口而出：嘸要緊，我有「南衫」通找。諸如此類笑話很多。持平而論，有職業道德者，還是居佔多數。而為人子女者，在父母生前，多盡孝心，總比往生後，再來孺慕昔日恩情，或想方設法透過「找三姑」，尋覓再尋覓，所得到的，依然是虛幻飄渺的非實體，既使「

三姑」功力深厚，每牽必中，然生者與亡魂，終究人鬼殊途，若過份打擾，除了「煩死人」，更會「吵死人」！

浪漫工業車

六、謝棲仔傳奇

知名民俗專家、祖籍金門賢厝的顏立水先生，曾在其大作中，貼切提引一句俗諺，說：貧段乾埔愛種麥，貧段查某愛作客。充份刻劃出四、五十年家鄉農村生活，民眾勤惰場景，祇要有種田經驗，皆曉得種麥最「軟路」（輕鬆），麥種只要往田裡撒一撒，便無需施肥翻土，費工照料。至於愛作客，情形亦然，婦女回後頭厝，受到人客般的照顧，又可短暫遠離乾家（婆婆）視線，當然「喜歡」，且樂此不疲。

筆者在斑鳩尚未發翅股的「囝仔」時代，與貧段乾埔、查某，有部份雷同的地方，祇是喜好不同，我喜歡厝邊頭尾、老嬸婆、老祖嬤，於入夜時分，在村庄裡進行「謝棲仔」的儀式，若是六、七年級以上新生，可能不知道「謝棲仔」係啥米碗糕，就筆者所知：「謝棲仔」，是家裡有新出生幼兒，受到驚嚇、晚上哭鬧不停，而新手上路，缺乏經驗的新媽媽，在哄騙無門、束手無策的情形下，祇有由其婆婆，或是更老輩的祖嬤出面，準備香燭供品，在指定的方位，進行「謝棲仔」的酬神儀式，其中之供品，及祭拜方位選定，均有門道及路數，供品為簡易牲禮，多數為四、五兩水煮三層肉一塊、紅粿一個、番仔餅三至五片，也有不用豬肉，以自家捕捉的煎黃甲魚一條替代，至於祭拜方位選定，必須央請村庄內「目頭巧」懂得看「通書」的能人，查閱幼兒受驚嚇，到底觸犯何方值日遊神，並按「通書」所載之東、南、西、北那一方位，步行幾個步伐，於入夜幾時，執行「謝棲仔」酬神儀式。

看倌若問我「謝棲仔」，到底能否治好幼兒驚嚇？或是執行「謝棲仔」，為何一定要村中老婦，而非村中阿公呢？說真格的，治好與否，我不知道，端看老阿嬤手執清香，虔誠跪拜，與神明溝通良久、良久，喃喃自語，話不間斷的功力，便非阿公所能比擬及取代，且若執意追根其功效，應是艱苦的年代，家鄉金門醫療資源嚴重缺乏，諸如「謝棲仔」等酬神拜佛的儀式，便是化解病痛的一帖良方，更是解除日常諸多無奈的安定劑。

筆者喜歡看人家「謝棲仔」的原委，首先強調「喜歡」，非我專利，當年與我同齡「囝仔伴」，個個都喜歡，並非我們當年缺乏同情心，也不是對「謝棲仔」者幸災樂禍。所謂「喜歡」是眾人目標一致，看中「謝棲仔」儀式結束後，所遺留下來的「供品」，在艱困年代，食用物資奇缺，平日三餐雖能以地瓜和水，摻雜數得出來的幾粒米合煮果腹，真正能吃到肉類，除了年節、王爺做醮、祖先做忌等重要節日，才會出現所謂肉類。

本文所提到的「謝棲仔」儀式，在一年當中，三不五時便會出現的戲碼，所遺留下來的供品，便是我們這群「囝仔」爭相搶食、打牙祭的珍饈，雖說在搶食過程，經常得挨長輩恫嚇：「撿食『棲仔』的供品，會換來自己踩到棲仔、會導致腹痛、或拉肚子」；或訓斥：「飫癆」（貪吃），「三瀉連回」（失顏面）等難聽的話。然美食當前，我們這群所謂的飫癆囝仔，當然不理會長輩的訓斥，照樣搶食得來不易的供品。說也奇怪，當年與我鬥陣撿食「棲仔」供品的囝仔，並沒有人踩到「棲仔」，也沒有人鬧肚子痛，並非長輩訓斥的無理，其中的原因應是艱苦的年代，神明對我們這群飫癆囝仔，特別愛顧垂憐，不忍苛責之故。

反觀現代的「囝子兄」，受益於時代豐衣足食，並不知「飫飢失頓」為何物，而村庄「謝棲仔」盛況不再，不是因老孀婆、老祖嬤們，相繼作古歸天而落幕，真正的原因是現代小兒科醫生的聽筒，早已戰勝取代村庄老婦的三炷清香，而魂牽夢繫的「棲仔供品」，也早已被丟入時代熔爐化為灰燼，再也尋不到、找不著，然不能忘懷的「心」卻始終如一，揮之不去。

七、雞髻頭傳奇（一）人嚇人

「雞髻頭」，為浯島金門著名島嶼，昔日與大陸內地相通，為著名的內港、停泊舟船碼頭之一，位處浯島北海岸，在「劉澳」海口，一沙線直趨入海，突起一石高數丈，狀似雞冠，故名為「雞髻頭」。

明永曆十四年（一六六〇年），鄭成功二次北伐失敗，還師金、廈特在金門會部將，並進駐海陸師，命部將陳瑞、鄭泰等人擇：水頭、夏墅、料羅灣、青嶼、劉澳，及烈嶼之羅厝等六處港灣，成為訓練水師基地，其中之劉澳港灣，實為「雞髻頭」是也。

故島嶼雖小，在歷史戰略位置上，亦曾留下它的足痕，也因為它是船渡碼頭，歷經各朝各代的送往迎來，其間之戰火兵燹，內地三點會的強擄，在襲擾侵犯浯島之前，總是先踩踏它二腳，雖叫它是歷史的門戶，誰叫它是優良的練兵港灣。

而戰爭總是會死人，船渡更是危機四伏，所謂：行船跑馬三分險。這些往生喪命的亡魂，魂歸西方極樂乎！還是魂歸地府！還是魂歸枉死城！答案皆不是，因為他們處境堪憐，普遍都是無主孤魂，缺乏親人的哭喪祭拜，魂魄僅能四處遊離，四處晃蕩，最後藉由地利之便，魂魄進入鄉人耆老代代相傳的腦海記憶，帶給後人的是一幕幕驚悚離奇的震撼。

話說民國二十幾年，國軍尚未進駐，海禁尚未管制，鄉人不分白天黑夜，均可依循潮水起落，自由下海捕撈作業，這一年的農曆六月二十三日，節氣進入「處暑」，臨七月鬼門開僅個把禮拜，村人「貓面慶仔」，入夜八點時分，於店仔口聽完鄉老「煙叔公」、話「雞髻頭」鬼魂現身嚇人的故事後，自認膽大過人，過家門而不入，竟往相反的海口方向進發。

所謂：吉凶要來先有兆。素來享有獨子的家庭逞盛，自幼便嬌生慣養，「貧段」鎮日遊手好閒，是他特有的專利，別說上山幫忙農務，下海協助鑊蠔捕魚，根本是不可能。故鄉人長輩對於他的「貧段」性，經常給他來一段，戲虐似的諷刺：「大塊神擱孝男面，早睏擱晚睁神」。更傳神的還有「貓面慶仔」：「叫汝上山，汝欲落海，叫汝牽牛，汝欲放屎」。然他非但不以為忤，總是「激皮皮」，用他慣有的嘿嘿嘿笑臉回應。

所謂事發必有預兆，此番不止從不下海的「貓面慶仔」，入夜還往海口前去，就連村莊所圈養的牛、狗、雞等禽畜，在同一時間點上，都有玄異反常的舉動，首先是村郊「牛碉間」的牛，接連發出唔哞、唔哞的叫聲，俗話有云：「牛嚎硐、人衰猸」。入夜牛不睡覺，還在胡亂嚎叫，人必有凶兆將要發生，隨後的土狗不甘寂寞，也來段共鳴，吹起狗螺，發出啊烏——啊烏——烏烏烏……悽厲的叫聲，更不可思議的是雞籠裡的母雞，一反常態，搶了「公雞司晨」的飯碗，叫起咕——咕——咕的起床號，喂！還不到三點就「叫床」，按鄉俗「歹吉兆」，真該掠來剁頭才能去晦氣。

而連番的不尋常，「貓面慶仔」卻好似「臭耳人」，聽不到箇中的玄異，依然視若無睹的往海口前進，循階踏入海門，今晚恰好是上弦月，皎潔的月光照在沙灘上，雖無煤油燈引路，並不影響「貓面慶仔」前行的步伐，不知不覺中已走到橫躺半途的「長礁」，前面就是高聳突出的「雞髻頭」，祇見其著魔似的加快腳步，腦海好像受到一股外力控制，不停的驅策召喚其；「卡緊ㄟ」！「卡緊ㄟ」！斯時的「貓面慶仔」，好像有所知覺，原來一腳踩在長滿海菜的礁石上，滑了一大跤，整個人跌入石頭坑洞中，冰冷沁涼的海水灌入鼻腔的刺激，喚醒了恍神似夢的「貓面慶仔」。

一回過神，察探週遭的景物，發現自己置身在「雞髻頭」的石頭坑洞中，且全身浸泡海水，突然間感覺坑洞中有一隻手在拉扯他的左腳，力道越來越大，想要掙脫，無奈驚嚇導致全身酸軟乏力，正陷於惶恐無助時刻，突然脫口一句：「西宮」ㄟ舍人公祖，緊來救我！話語甫落，感覺左腳已掙脫那隻無名手的糾纏，使盡全力爬出坑外，頭也不敢回的往回家的路狂奔，此時祇感覺咻！咻！的海風入耳，穿越難行的「長礁」後，原以為已脫離險境，突然間感覺有人對其後背丟擲海砂，且步伐越加快，丟擲越多，斯時的「貓面慶仔」，心跳加速，耗盡吃奶的力氣，終於抵達了海口，這時氣力放盡，二眼翻白，再也挺立不住，身體倒臥暈死過去了，且此番的暈倒成為永訣，「貓面慶仔」，已無法回頭，短暫的人生就這麼快劃下休止符。

事後追查死因是被「嚇死」的！而兇手不是別人，是他自己，是他自己腳上穿的那雙拖鞋，原因在人受驚嚇時，著拖鞋行走於砂灘上，腳步越急，拖鞋後跟捲起海砂打在後背，感覺似有人在背後丟擲砂土之故。

八、雞髻頭傳奇（二）鬼嚇人

清朝末年的「雞髻頭」，地形地貌之變化，若與現今對比改變不大，相同的是水深，沿岸礁石星羅棋步，容易吸引近海魚群覓食海藻螺貝，繁衍後代，不同的是昔日的海禁不受管制，入夜的潮汐更能帶來豐富的魚群，故鄉人更能因地制宜，採用「挨罾」的捕撈器具抓魚。

村庄當時有位能人，高超的抓魚技巧，可謂無人出其左右，時至今日其當年的功蹟戰果，仍為鄉賢耆老們津津樂道的話題，聽「阮三叔」講起：那位先輩叫作「矮子伯仔」，人如其名個子不高，五短身材，若因其形貌而瞧不起他，來人若非「白目」，就是目睭被屎糊到，單從其驚人的臂力，可輕易抱起廟埕二、三百斤的石輦，並行走數十公尺面不改色，平常下海「鐽蠔」，別人擔起二「蠔籃」已倍感吃力，他可加重四「蠔籃」，且行走數公里難行的「海路」不用歇息，也因為擁有過人的「力頭」，加上一顆急公好義，熱心助人的善心，故能博得鄉人普遍的敬重。

有一年的仲夏夜，臨逢潮汐絕佳的「大流」、「矮子伯仔」備妥「挨罾」的網具，提掛好照明引路的煤油燈，隻身一人往「雞髻頭」魚場進發，進入海門循日常的「蠔路」前行，此時的潮汐已退到「一撒」開外，海水雖然及膝，依經驗法則，為絕佳「挨罾」下網的時機，沿「雞髻頭」的海棚開始捕撈，提掛的煤油燈光，投射面前的海水，四處均顯現魚兒「滾煙」的身影。

「矮子伯仔」心中竊喜，今晚想必豐收滿載，七月將屆，拜「老大公」的菜碗、銀紙應該有著落了，越想心情越好，挨起來越是有勁，然來來回的捕撈走動，眼前的魚兒穿梭，斑節蝦跳躍水面，任經驗技巧不足的新手來挨，都能滿載，為何他這位捕撈三十幾年，且譽滿庄頭的「挨罾」老師傅，今晚卻是有魚抓不著，越想越狐疑？自己的技術是否退化？思前想後深信自己的能耐，絕不可能一晚就破功。但見時間不等人，眼前的潮汐改變，開始漲潮囉，祇好無奈的收拾網具，懷著不甘心又怨歎的心情打道回府。

返抵家門的「矮子伯仔」、卸下網具，再看自己編的「開仔」，想要瞧探今晚的成果，真否背到家，不看還好，一瞧果真祇抓到一尾手指大小的「豆子魚」，此時的「矮子伯仔」再也按耐不住，脫口一句：「訐恁祖×，今眠落海『挨罾』真正睹到鬼」。遂頭也不回，順帶踢了

「開仔」一腳，又補一句：「破狸冽」！索性連沾滿海泥的雙腳也不洗，就上床補他的眠，然人帶衰猜，就連覺也睡不著，輾側難眠良久，突然靈光一閃想到，今晚抓不到魚是否跟五年前，那場大風颱，導致內地「大嶝」數起船難，漂來數具水流屍，地點就在「雞髻頭」的漁場有關，莫非是那些枉死亡靈，得不到香火祭拜，刻意作弄阻攔抓魚，想來心裡已有定數。

翌日剛好係輪值「宮內」燒香點火的日子，傍晚時分備妥香燭入宮內燒香，順便「駁杯」問王爺以解除心中的疑惑，果真得到「信杯」！心中更加篤定，入夜後算準潮汐，原本打算如往常隻身前往「挨罶」，惟想到「水流屍」作怪，心裡總不踏實，故今夜特別喚其老妻一同前往壯膽，抵達「雞髻頭」漁場後，如常下網，不同是今夜有老婆提燈，感覺海水特別明亮，眼前魚群跳躍，魚汛甚佳，初期還是有魚卻抓不著，且魚蝦好像通靈，刻意閃避「挨罶」的網具，而「矮仔伯」隱約感覺，有一股力量在拉他的網具，甚至好像有人影，手拿竹竿在其面前打水趕魚，發出「砰」「砰」「砰」的水聲，並激起浪花，遇到如此情景，雖然感覺害怕，惟有老妻在場，男子漢的尊嚴更要堅持。

「矮子伯仔」也不知道那來的勇氣，脫口便道：「水鬼好兄弟，阮知影恁地『變猴弄』，恁若嘜擱創治，七月鬼門開，阮一定準備好料的菜碗甲恁拜，擱燒足贅銀紙乎恁開。」話語甫落果真靈驗，「挨罾」變輕變靈活了，「砰」、「砰」、「砰」的打水聲消失了，第一次起網的「罾」抬起倍感吃力，網內裝滿魚蝦，少說一網也有四、五十斤，此時的「矮子伯仔」笑顏逐開，伊某更是樂開懷，且接連是網網滿載，唯一擔心的是裝載魚具的「開仔」，準備不夠大，最後索性脫下外衣及褲子，將袖子及褲管打結，充當裝魚的器具。內心吶喊著出運囉！

「矮子伯仔」果真正走老運，接連的數天皆大豐收，尤其是農曆六月底，翌日便是七月鬼門開的那晚，「挨罾」更是大滿載，魚獲量據說有數百斤，七月一日當天魚獲過多，「矮子伯仔」特別喚其長子「乞鳥仔」幫忙前往市集賣魚，概魚獲量大，直到下午三點還未賣完，斯時突然想到一件重要「諾言」，尚未兌現，乃趕緊囑咐「乞鳥仔」先行返家，備妥豐盛菜碗及銀紙，前往「雞髻頭」漁場，酬謝「水流屍」幫助抓魚的恩德，正待「乞鳥仔」舉香跪拜的同時，突然海裡傳來一句：「矮子嘸來，換汝來」！嚇得「乞鳥仔」來不及收拾菜碗，調頭狂奔，呼喊：「有鬼啦」！「有鬼啦」！

九、雞髻頭傳奇（三）乒乓鬼

百餘年前的村落一隅，雙落大厝未經風霜歲月的侵蝕，燕尾更加陡峭，光鮮的花崗石壁，搭配對比整齊的「顏只」，越發顯現雄偉與不凡，惟今日氣氛有些迴異，主人家的大門無端開啟，上沿橫掛著一面白幡，前落廳堂的正門半掩，「深井」亦搭起遮擋太陽的布帆，屋內男女老少，個個表情哀悽肅目，額頭包裹著「頭白」，分別身披著藍、黑不一的麻衫，斯時一位白髮長鬚的長者，站立於廳堂的一角，對著尚未入殮的往生遺體，引領著眾遺族家眷，唸出「辭生儀式」的祝禱詞：「伙夫灑大厝、內外子孫平平富，一管起一升、一升起一斗、一斗起一石、代代子孫吃ㄟ著」。

這位白髮長鬚老者不是別人，他就是「阮三叔」經常提起的鄉內了不起大人物，「龍伯公仔」是也，其人可謂：「通博古今」、「見多識廣」，舉凡庄頭內之婚、喪「大世事」，均由他引領操盤，且事後從不索任何報償，鄉內除了敬重其為人，公推為宮廟醮慶主理的「老大」外，對其年少時遠渡大陸內地「賺食」，曾有過不平凡的經歷，在鄉里廣為傳頌著。

據說其十五歲在福建莆田的輾米廠擔任長工，時值清朝末年，時局動盪，盜匪猖狂，由於平日工作勤奮，深獲米廠工頭的肯定，而這位工頭身藏不露，為莆田南少林的俗家弟子，不但武術精通，且道家識陰陽的玄異之術亦有鑽研。當時工頭獲悉「龍伯公仔」家鄉遠在金門，深恐遭動亂賊人所害，故愛才疼惜之心乃暗中授於拳技及玄術，直到「龍伯公仔」長大成人，接到家鄉父母為他媒得一房妻室，才結束一段內地工作，及暗中習藝的生活。

成家立室後接管父親農耕、及海裡漁蚵工作，鎮日辛勞拚搏，鄉人壓根不識其擁有一身本領，直到有一年的尾牙，內地同安股匪蠢動，鄉人聞訊莫不驚恐走避，全村幾成空城，惟有「龍伯公仔」，有恃無恐，單人留守家園，除了年輕過人的膽識，身邊毫無槍械禦敵之物，聽說祇準備一件平時打撈落井水桶的「海捅鐘」，及一把削尖的「竹筷子」。

試問如此尋常之物，如何與悍匪週旋，然事實就是如此，是晚十時許，計有七、八名「強損」賊人摸黑入村，「龍伯公仔」循狗吠之聲，早已近身掩藏於賊人之前，並已佔了有利的位置，雙方幾經交鋒，勝負立判，是夜爭戰賊人非但無法劫掠財物，且因負傷過半而落荒而逃，據村內耆老提及：帶頭的賊人二把致命的毛瑟槍，遭削尖的竹筷射傷手腕，而掉落水溝之中，賊人喪失依靠後，又遭少林拳術的伏擊，下場可見一斑，祇好落跑才足保命的上策，而「龍伯公仔」先前準備的「海捅鐘」，並非毫無功能，據說係用於向屋簷高牆甩出，定位後，便能施展輕功，向上騰躍監視賊人。

而關於「龍伯公仔」，另項識陰陽的玄妙之術，一眼洞穿「掃帚精」作怪，並一舉破解妖邪、迷惑搭救村婦的傳聞，更是「耆老」們日常所津津樂道的鬼怪題材，話說有一年春夏交替之際，天氣屬陰天無風燥熱，池塘邊及溝墘旁，均見為數眾多白蟻飛舞，依「老大人」豐富的經驗判斷，應是變天下雨的前兆，接近午時時刻，果然下起傾盆大雨，山上農耕的村人，莫不無奈牽著牛，收拾犁耙等農具返家避雨，僅存下海「破台仔蠔」的村婦，因衣衫早已被海浪打濕，索性豁出去，繼續敬業的堅持崗位不懼風雨。

唯一例外的是那位熱心公益的「練家子」「龍伯公仔」，為防範自己及村人即將收成的畝地瓜田，因大雨天恐遭彼岸賊人或宵小偷盜，故乃一如既往至山上巡視，行走到「下沙園腳」地面時，望見前方「赤奶礁」海面，有一似魚非魚的巨大身影在打水，發出「乒乓」、「乒乓」的聲響！

正待其欲定神細瞧時，黑影瞬間消失，不及五秒工夫，黑影竟閃現立於海墘邊，與其相距約莫二十餘公尺，來著披頭散髮，二眼如吃飯的碗般大，血盆大口長著一對倒鉤的尖牙，不時作勢咬人，發出「嘎」、「嘎」、「嘎」恐怖的聲響，斯時的「龍伯公仔」，面對驚悚駭人的這一幕，非但不為所動，面無懼色，反而立身張開左手、右手暗行劍氣，化掌為指並在左手寫上：「風火雷電霹」，隨即幻化成五雷轟頂的掌心雷，對準目標的腦門一擊，轟然一聲巨響，祇見來者接連悽厲慘叫，原本散亂的頭髮直豎，有如一把倒立遭燒焦的掃帚。

「龍伯公仔」見牠如此狼狽，且僅嚇人並無害人命，經一番的告誡，乃放牠一條生路，這時的「乓乓鬼」為感念不殺之恩，突然開口道：渠原為帆船上遭棄置丟入海中的掃帚，漂流於「雞髻頭」一帶，因受村內陽氣較足的黑狗公灑尿，又長期吸受日月精華之氣，故能幻化人形，此刻渠另有一位結拜兄弟，欲在「雞髻頭」施妖術，傷害破「台仔蠔」的村婦之命，「龍伯公仔」聞言大驚，好在「乓乓鬼」協助拯救及時，終於保全了村婦一條命。

十、威靈顯赫太子爺（上）

足踏風火輪，左手持乾坤圈，右手握提紫焰蛇牙槍，英偉不凡的氣宇，祂是托塔天王「李靖」的三公子名喚「哪吒」、或稱之「哪吒三太子」，為「靈珠子」化身轉世，擁有斬妖除魔超強神力，輔佐周武王伐紂，功蹟受萬民敬仰樂道，故一般百姓暱稱其「太子爺」，或以其天命授封的官銜「中壇元帥」稱呼之，由於太子爺得道成聖後，威靈顯赫的神力，均能澤被蒼生，護祐鄉里，故浯島金門很多宮廟，均奉祀膜拜。

本文即特別介紹一尊太子爺，不論英偉形貌，高眺的體型，可堪稱「金門第一」，該尊太子爺除了形貌稱奇外，更有一段特殊離奇的來歷。話說清朝光緒十九年，座落於浯島北海岸，濱海的「劉澳」小村落，村民信仰中心「奎山宮」肇建竣工，宮內主奉池王爺、保生大帝，及配祀金、朱、李、邢等王爺神明，均已奉祀定位妥適，期間亦幸得力於眾神明的神威護持，接連三年內，莊內鮮少遭內地股匪劫掠襲擾，且庇祐村民上山耕稼豐登，「落海」鏟蠔、魚撈，均能盈籃滿載，由於神明「興」，自然香火「旺」，村民為感謝神恩澤被，除了農曆六月十八日，池王爺聖誕日，作為主壇做醮外，其餘諸神王爺之聖誕千秋日，亦熱鬧「出社」酬謝。

村民對神明之虔敬，並非僅止於「佛誕日」，可由日常村民輪值宮內之燒香點火，所傳遞的「香火牌」，不及一年，握把及毛筆寫的村民名字，就磨損變形，書寫的字跡更模糊難辨，顯見村人「拜」神之虔，「敬」神之誠，全在那塊香火牌中得到體現，所謂：「有燒香有保庇」。人與神的關係互為因果，人獲得神威護持，自然內心平安，當然工作更加勤奮，生活獲得改善亦屬必然，惟鄉民樸實純良，自力辛勤耕稼有成，絕不敢居功，一切成果均感謝神明的恩澤賜予，故拜神更勤快，舉香叩拜的次數增多，香爐由小型換中型，才承接得上，燒金紙的金爐亦然，顯見鄉民與宮廟的關係已緊密難分。

而神明獲得偌大的香火供奉，必然「神」輕氣爽，在神界中，必然「神」氣得不得了，令同道稱羨不已。此言並非筆者胡謅瞎說，據鄉老「阮三叔」說道：渠年少時期，曾聽村內老輩提起，「奎山宮」建廟第三年的農曆九月初七日起，村莊接連發生數起離奇的事蹟，首先是宮內連續三天，插香的香爐，不時的「發爐」，初期是香燃燒一半，均倒彎呈阿拉伯數字的「9」字型，待燃燒至香尾時，會突然起火燃燒。

其二玄奇是坐落於村外數里的「長仔兜」，由於地勢低窪，又有三口老古井，水源充足，附近之崎田素為村民「佈芋」，或插植甘蔗。然離奇的是芋田裡竟憑空長出一株蓮花，且盛開一朵紅白相間的花蕾，夠神奇玄妙吧。緊接著是村內有一位落第書生，因飽讀詩書，不幸名落孫山，受不了打擊，竟然發瘋，平時瘋到脫衣脫褲、三餐無法自理，腹內所學的詩書，早已還給「孔子公」了。

然農曆初八日午後，「書顛」卻著馬褂，一付盛裝打扮，獨自一人赴宮內，也非敬神燒香，祇見他老兄右手執一支炭筆，自顧在宮內粉牆上塗鴉，圍觀者莫不為其冒瀆神明的行徑，捏好幾把冷汗，惟眾人皆猜錯了，他並非塗鴉，更不是搗神明的蛋，他很嚴肅、很正經，他在寫詩，寫一首眾多「青暝牛」看不懂的詩，內容是：「靈珠二世出凡塵，手提紫焰蛇牙寶，腳踏金霞風火輪，豹皮囊內安天下，紅錦綾中福世民」。

總共三十五個大字，寫畢又變回書顛原形，依然脫衣脫褲，且看眾人指指點點圍觀，他老兄脫口來一句：「訐，看啥猜，惦攏肖ㄟ」！眾人無端受辱，又哭笑不得，祇能以「去乎肖ㄟ操著，憑嘸討ㄟ」，自認倒楣罷了。而小小的村莊，接連發生那麼多離奇，又很難解釋的事物，村民們莫不議論紛紛，各家的「解讀」更是莫衷一是，有人說：村內將出狀元。有人說：金門將出皇帝。有人說：肖ㄟ會寫詩，必帶誨氣，恐為瘟疫死人，或是苦旱，收成無著，正當全村傳得沸沸揚揚，喜憂難辨之際，最後祇得煩勞莊內，輩份最長的「老大」九叔公仔，出來仲裁，他老人家說道：萬項代誌，也嘟人，也嘟神，人力終究有限，而神威無窮廣大，因此與其胡言亂猜，自己嚇自己，不如大家齊往宮內，祈求「池王爺」降駕開示，一切疑難困惑皆可解矣！

十一、威靈顯赫太子爺（下）

話說眾村民齊聚「奎山宮」，欲恭請主祀的「池王爺」降駕，為村民釋疑解惑，小小宮廟早已被村民，擠得水洩不通，「池王爺」的乩身「局仔」，早已坐定在案桌旁的那張「椅條」，祇見摺好的紙錢焚燒起，「觀金鼓」發出：咚、咚、鏘的鼓鑼聲，重覆又重覆的響起，老大「九叔公仔」燃點三柱清香，跪拜恭請「池王爺」降駕，坐定的乩身「局仔」，開始哈欠連連，頭部左右搖晃，身體不自主的擺動，且動作越來越大，最後由「椅條」躍起，走向案桌，雙手置伏桌面，池王爺已然降駕，準備開啟金口。

準備一旁「聽字」的棹頭，神情專注地豎起雙耳，仔細聆聽神諭，原本喧鬧吵雜的眾村民，皆默契十足自動禁聲，而「池王爺」對近日村莊連接發生「發爐」，燃香呈「9」字型，芋田裡憑空長出一株盛開的蓮花，及書顛反常，竟在宮內留詩等玄奇異像，「王爺」早已了然於胸，首先開示的是硃砂筆在金紙上，寫出：「吉兆莫慌」四個字。其二金口示下：「今晚問題可解」等語。顯見「池王爺」威靈顯赫，一切問題均在祂的掌握之中，說完隨即退駕，而多數村民得知「吉兆」，及今晚問題可解，莫不暫放忐忑不安的心，然尚有極少數較鐵齒村民，心中仍然狐疑，「咁有影」留著問號離場。

入夜接近十二點，村民算準潮汐，「挨罾」及「鐪蠔」村人，已陸續「落海」幹活，彼等循蠔路途經「西宮口」海棚的「土糜窟」（地名），卻聽到不可思議的聲音，若說一人聽到，極可能是潮水聲或聽錯了，然問題是不分男女老少，皆能清晰感受，聽到嬰兒發出：「嗯啊」！、「嗯啊」！的聲音，且是那麼真確，試問，那有三更半夜，漆黑的大海會有小嬰兒走動，且依稚嫩的聲音判斷，嬰兒應尚未斷奶，亦不可能有如此狠心的媽媽，入夜還帶著子女來「㑳海風」，但是眾人皆聽到了，嬰兒聲絕不會有假。

而村民碰到如此離奇玄異的事，直接反應是心裡發毛，起「雞母皮」，咸認睹到「歹物」，祇能草草收拾網具，回家避禍。翌日村民議論沸騰，有二三位膽壯的男丁，結伴「落海」探察嬰兒聲音的來源，抵達「土糜窟」地界，並未發現特殊的異狀，現場僅瞧見一支約二丈以上，大人環抱般粗的樟木，原本壯漢欲合力將樟木抬回，惟浸泡海水重量加重，祇得放棄，正當眾人離去數步後，「嗯啊」！「嗯啊」！的嬰兒聲又起，且是由樟木中發出，此時即使是大白天，加數名壯漢，對於突如其來的驚悚畫面，莫不「唉爸叫母」拔腿逃離。

回到村莊後，各各面色還是「青筍筍」，趕忙將所見所聞，稟明「老大」九叔公仔，經仲裁後還是入宮內，二度請「池王爺」降駕釋疑，此番示諭，不再暗藏玄機，而是清楚明白直接點示：村莊之「吉兆」已定，「三太子」已從大陸內地，藉由樟木渡海，決將入籍「奎山宮」協力護祐鄉民，而農曆初七日起，接連三天的「異象」，乃是「太子爺」所顯化，目的係告知村民，因農曆九月初九日，乃係「太子爺」之聖誕千秋日，另「池王爺」又示諭：立即入海恭迎「太子爺」所顯化的樟木，並擇吉日，將樟木打造「太子爺」金身，俾能安座奉祀。

未久村人謹遵神諭，辦妥「太子爺」金身安座及一切儀式後，「太子爺」已然是一尊護祐鄉民的生力軍，舉凡村內嬰幼兒，半夜著驚媽媽哮，兼挫青屎等「小兒科」問題，均屬「太子爺」拿手強項，有祂在，儼然是嬰幼兒的「守護神」，絕對庇祐嬰幼兒平安長大，由於神威顯赫，不出幾年「太子爺」的「契子」逐年倍增，著實令人稱羨。

另值得一書的是民國三十八年，國軍退守金門，二岸兄弟「冤家」殺紅眼，「八二三」、「九三」等一長串不祥的數字中，藏著多少互轟對幹的砲彈，多少無辜百姓，輕者屋毀，重則人亡，說也奇怪，聽「阮三叔」追憶當年，說道烽火連天的日子，村莊雖有落彈，惟民眾卻鮮少有傷亡，這其中的關鍵，並非彼岸開砲失準頭，而是較有神緣的村民，瞧見「太子爺」顯靈，當對岸的砲彈飛臨村子上空時，經常看到有人祭出一個鋼圈發出鏘、鏘、鏘的聲音，將砲彈擊落於無人煙的村外，且天空中不時會出現一條紅色綵帶，發出唰、唰、唰的聲響，連帶將砲彈捲走，這難道是「太子爺」的法寶—「乾坤圈」與「紅錦綾」。細聽「三叔」精彩的敘述，「風聲擱謗影」，好像真有那一回事，但……倒底是那一位通靈的村民，有幸瞧見神明顯神通呢？答案竟是：「啊阮嘛係聽人講ㄟ啦」！

十二、童乩與棹頭（上）

西洋「阿督仔」信上帝，須仰仗神父、或牧師作媒介，替上帝來傳達福音，而中國為多種族民族，若是信佛教，則由和尚、或尼姑來宣揚佛祖的教義，信道教，則借助道士來弘天尊法旨，故凡世人，不論信奉何種宗教，禮拜何方神、佛、仙、聖……追根究底，還是要靠「人」來當「神」的橋樑，如此神威才能顯赫於世，神諭才能深植普羅大眾心中。

浯島擁有一千六百餘年歷史，蒙「朱子教化」，博得「海濱鄒魯」美名，島雖小，但感謝偉人的灌頂加持，才能造就歷朝、歷代文臣武將不斷的誕生，惟功名榮寵雖多，先輩們亦無力改變朝代更迭，家鄉父老依然得面臨旱荒、瘟疫病苦，甚至人為的兵燹災劫……所幸先輩普遍「樂天知命」，不怪年頭世道艱難，即便蕃薯湯充飢，菜脯根咬鹹，依然能堅強挺立，守護著鄉土家園，他們咸信：「人若尊天理，天會照甲子」。一切病苦災劫，自有「神明」在後面庇祐護持。

因此蓋宮起廟是他們的選擇，既使縮衣緊食，「儉腸勒肚」，亦要讓宮廟挺立鄉里。先輩們做到了，果真「有神則靈」，諸姓王爺兵將，群聚廟堂，先輩們的內心，得到平靜照拂，拜神的腳步更勤快，舉香跟拜的風潮，席捲各村落鄉里，佛誕日、做醮、出社酬神慶祝活動興起，扮演神明代言的「童乩」，當然無法缺席，惟若「王爺講白話」，神諭自然明白易懂，然若王爺滿口「官話」，或執筆運字「龍飛鳳舞」時，依當年鄉間普遍「青暝牛」者眾，識字者少，形成「霧煞煞」，或「聽攏嘸」的尷尬場面。

而「棹頭」的產生是化解難題，讓神明代言的「童乩」，傳達神諭更精準清晰，因此「棹頭」雖是由信眾擔綱，能解讀神諭，洞燭神明旨意，若無基礎漢學根基，是無法勝任地，且要與「童乩」培養絕佳的默契，故有：「一個棹頭，一個童乩」的說法，顯見兩者關係，密不可分，缺一將難成事。

「棹頭」角色吃重，扮演神明通譯的身份，為鄉人矚目的焦點，此等差事，論理應為爭相角逐的目標，然事實卻恰好相反，所謂：「王爺ㄟ尻川」，意為「歹摸」，鄉人若無三兩三，豈敢上梁山。均忌諱神明的飯碗「歹捧」，且深知擔任「棹頭」，須遵守某些禁忌，例如：「禁食狗肉」、「一般大生肖的動物，如牛、馬之類牲口，務必禁口不食，及盡量不入產房，和涉足殯喪場所」。（惟筆者認為「產房」及「殯喪」應為對外的禁忌，否則若自己家人，也為禁忌，除有違倫常，亦非神明本意）「棹頭」是凡人，凡人皆有七情六慾，若不慎踩線，犯觸禁忌，神明是否會給予責罰呢？

答案是肯定的，據鄉內耆老「阮三叔」透露：早年生活清苦，三餐足以裹腹已屬不易，談何一頓葷食解饞，然所謂：「窮則變、變則通」。填飽口腹之慾，才是硬道理，哪管「飫勞」、「飫肖」、「貪福」……等高標道德阻擋辭令，先食先贏，豈能落人後，故婚慶「喜宴」，取名「呷肉」為最佳佐証，惟喜慶不是日日有，肉類更無法日日食，因此屠狗取肉，乃是當時的選項，究其原因，狗乃多產動物，一胎可產五至十隻，又無須耗費主人家糧食，剩餘殘羹，便足以養大一群，宰殺時祗要冠上一「菜」字，便理直氣壯殺生……。

話說殘忍不文明的屠狗取肉，風氣一旦興起，有心人食出經驗，更賦予「可驅寒、壯陽」等缺乏根據的療效，食狗之風更盛行，而倒楣「歹狗命」的狗兄狗弟，若能言語，當謂嘆：「廣東人可怕，殺紅眼的金門人，更是恐怖」。時局殺戮，群狗遭殃，食狗肉變得稀鬆平常的事，就連侍奉神明的「童乩」與「棹頭」，亦難免犯戒。

據傳某座宮廟有一「童乩」與「棹頭」，二人自小即穿同條褲子長大，長大又共同侍奉神明，故雙方默契無人能及，惟因「棹頭」嗜好杯中物，某日村人宰殺一條「狗公腰」的黑犬進補，特邀「棹頭」前往分享共食，起初「棹頭」還以侍奉神明，不敢犯戒推詞，惟聽聞有上好的地瓜老酒佐餐，乃一口允諾赴約，惟內心既愛又怕受傷害，竟邀「童乩」一同前往以為壯膽，彼二人數杯老酒下肚後，「棹頭」率先受不了香肉的誘惑，不再矜持，自動取碗盛裝滿滿一碗，大啖開來，並連連讚嘆：「足香」、「足香」之語。

所謂：一人犯戒，後果自負。然「棹頭」竟牽拖厝邊，對著「童乩」誆稱：「不敢食狗肉，喝湯總不會犯戒」。而「童乩」被歪理打動，竟也連喝數碗……翌日彼二人相見，慶幸昨晚一夜好眠，並未因犯戒而受神明懲戒，而沾沾自喜。孰料一週後，正值宮內王爺聖誕千秋，準備做醮慶祝，活動尚未展開，彼二人同時感應一股力量的驅策，迫使二人分別跪在宮內左右二側，並不由自主掄起左右手，自摑嘴巴，數十、數百，不止！少數也有數千下，並同時吐出穢物……唉！嗜食狗肉，戕害生靈，當知「舉頭三尺有神明」！

十三、童乩與棹頭（中）

酷暑的夏夜，無一絲南風，祇見曬穀場旁哪排蘆竹，頂尖的葉片，有些許晃動，想必是轉東北風，醞釀「報頭」變天的前兆，「三界壠」哪口灶的主人「木川」，受不了燠熱，率先抱著週歲的幼子走出屋外，「番仔樓」哪位臥床多年的「胖嬸婆」，由孫媳婦攙扶下，竟也走出難得的屋外，彼等見面共同的感受就是「熱」，不同性別有不同對「熱」的表達，男人說：熱甲哭爸咧！女人說：熱甲死者嘸人！不論形容「哭爸」或「死人」總之就是「熱」嘛！

令人納悶疑惑的是？「雙落大厝」主人「添福仔」，向來「嘸著內」，打狗都不出門的「透風雨」，都要往外跑，此番酷熱難耐天氣，竟還這般有「擋頭」，殊屬不易啊！正當村人佩服讚嘆之際，他老兄終也出來了，不同的是，這次是用跑的，而且神色驚慌，想必家裡出了什麼事？果真沒錯，「添福仔」步出家門，就急切地找鄉內「老大」，並脫口說道：伊某「起肖」！伊某「起肖」！過了一會兒，找到了歲數，輩份最高的老大「雨叔公仔」，並陪同「添福仔」回家一探究竟，走到後落公廳，連向來見多識廣的「雨叔公仔」，也被眼前這一幕嚇到！

祇見「添福仔」伊某，披頭散髮，頭戴一支「鱟杓」盤坐在正廳的八仙桌上，地下遍佈被掃落地的公嬤牌位，看她嘴裡唸唸有詞：自封是神仙下凡，並喝令眾人下跪叩拜！此時「雨叔公仔」一回過神，有些按奈不住，想趨前賞她一巴掌，不料又挨了伊某一陣：「死老猴，㸌脹肚，欲死著風甲雨……」的咒罵，想來「雨叔公仔」也真衰，他老輩份高，倍受鄉人敬重，此番卻遭孫媳婦輩的「肖ㄟ」咒罵，祇能捻鬚自認倒楣的份囉！

鄉耆「雨叔公仔」，親身見証「添福仔」伊某的反常，判斷係卡陰犯煞，疑似被髒東西附身。仍仲裁：求助宮內王爺降駕解厄，方能消除癲瘋之疾。眾人對「老人」之決斷，莫不點頭稱是，惟彼此內心對於王爺降駕乙事，充滿疑惑？「木川」率先向「雨叔公仔」提出質疑：指出王爺降駕，必先扶乩，而村人皆知曉，「童乩」在離鄉數十里的「后浦」吃頭路，此刻未在村中，少了「主角」，不知王爺降駕何方？「木川」的疑點一提出！村人莫不交頭議論，向來「激骨肖」的「筆串」戲稱：「童乩」不在，莫非「雨叔公仔」，要賣老命下場擔綱？此話引來眾人竊笑！而鄉耆「老大」見權威遭受挑戰，有些動氣，突然舉起拐杖往「椅條」一敲，啪啦！的響聲將眾人震住了，大夥識相，知曉老人家變面囉！均不敢再多言，乃依指示：各職所司，前往宮內準備祈求王爺降駕的大事。

例行的起乩儀式，「雨叔公仔」如常點燃三柱香，向王爺叩拜稟明事由，並「擲筊」亦獲神明允准降駕，惟村人內心仍然存疑，因為「童乩」專用的哪張「椅條」，缺少「主角」更顯得突兀醒目，執掌金鼓及銅鑼的鄉人，依然盡職地敲著：咚！咚咚—鏘！鼓鑼固定的「觀金鼓」音律，「棹頭」摺疊長串有序的金紙，燃燒「祭金紙」，鼓鑼聲重覆又重覆，「祭金紙」燒完一串又一串……時間分秒消失，三十分已過，村人開始不耐躁動，尤其被二名村婦壓制，坐在交椅的「添福仔」伊某，情緒更加不穩，兩眼翻白，嘴巴發出淒厲的尖叫聲，狀似恐怖。宮內氣氛更加凝重。

「雨叔公仔」也開始坐立難安，他老人家「吸煙炊」的頻率增加，嘴內吐出的煙霧，不再像先前的平順，看得出他老人家的緊張。當時間逼近一個小時的光景，突然「觀金鼓」的音律，自動變得急促及高亢，宮外傳來疑似奔跑的腳步聲，由遠而近，由模糊到清晰……「童乩」回來了！村人隱忍住驚呼的激動，全將焦點匯集在一個人的身上，他打著赤腳跑回來，一入宮內逕直接步向案桌，二手一拍清脆的「碰」聲，宣示王爺已附身，起乩已告完成，「觀金鼓」

儀式停止，「棹頭」的「祭金紙」也不用進行。眾人聚焦聆聽王爺神諭，案桌備齊文硃筆與金紙，以為王爺會先畫符令驅邪，然眾人皆猜錯了！

祇見「童乩」拿起文硃筆，沾著硃砂，趨向「添福仔」伊某，左手一把抓住散亂的頭髮，右手執筆「筆尖」點中眉心，「伊某」狀似痛苦哀嚎，作勢要掙扎爭脫，均無法如願，過了約莫三分鐘，「童乩」取下文硃筆，鬆開了頭髮，「伊某」原本翻白的眼球，逐漸恢復正常，泛白鐵青的臉頰，開始有血色，「童乩」又畫了一道符令，在碗內焚化，並和水諭令「伊某」服飲，驅邪儀式才宣告完成，最後「棹頭」以右手食指，在左手掌心寫一個「退」字，順勢按在「童乩」的額頭上，「童乩」抖動一下，完成了退駕，此時功德圓滿，最得意莫過於「雨叔公仔」，不忘對後輩長串的「教示」，孰料轉眼村人皆已鳥獸散，徒留他老，吹鬍瞪眼……。

十四、童乩與棹頭（下）

嘻鬧聲、吆喝聲，陣陣傳來，聲音稚嫩，定是哪群不知天高地厚的「猴死囝仔」，又在「變猴弄」。「水車仔」豎起耳朵細聽聲音的出處，內心開始不安，難不成是他坧垃屆將收成的麥田，又要遭殃了，趕緊放下兩只粗桶，抽出扁擔扛在肩上，往麥田前進，一抵現場，撥開蘆竹露出半顆頭，定眼一瞧，向來脾氣火爆的「水車仔」，並未掄起「扁擔刀」打人，反而輕巧放下扁擔，隱身坐下來當觀眾，欣賞哪群所謂猴死囝仔，上演嘻鬧的戲碼。

首先上演的是二只蠔籃，雙耳分插二支蘆竹，充當扛王爺繞境的輦，並由二名村童扛在肩頭，相互碰撞「嘎起輦」來，兩旁村童充當啦啦隊，並吆喝著：「啦囉、啦囉、炒米粉」！另隊喊著：「嘎著、嘎著、強強滾」！由於相互碰撞力道過猛，蘆竹應聲折斷，道具輦隨著墜地，村童驚呼脫口一句：「哭爸囉！摔死王爺欲安怎」！此語聽在「水車仔」耳裡，簡直笑彎了腰，惟強忍住笑聲，繼續往下看，登場的是村童扮「童乩」，扮師公、扮信徒……「童乩」乙職深得鄉人敬重，故引起多位村童搶著扮演，最後由向來「人頭鬼武」，拳頭最大粒的「番憨」擔綱，他人小鬼大，扮頭十足，跳起乩來，架勢與真乩所差無幾，尤其脫口便來個下馬威：跪咧、跪咧、叩拜、叩拜，頗為順口。扮信徒的村童就遭殃囉！不是跪，就是拜，內心雖然極不甘願，惟懼於對方拳頭大粒，祇好照做的份。

扮師公的是個頭矮小的「干踢」所扮演，他左手執一空酒瓶，充當師公的牛角，右手握一草繩，充當法器，煞有其事的吹起牛角：哺嗚—哺嗚聲，並倒抽草繩發出：啪、啪的響聲，一旁的村童並吆喝助陣，呼喊著：發啊！發啊！附和聲，像極了師公作法的步數。由於群童扮演入神，且動作誇張，田裡的麥田被踐踏的面積擴大，隱身旁觀的「水車仔」，內心淌血，已無觀賞興致，撥開蘆竹就扯開如雷的嗓門開罵：「恁這陣『猴死囝仔』，唔知死活，連「童乩」都拿來滾損笑，若不慎會被王爺掠去牽馬」。聲音一出，村童自知闖禍，早就逃之夭夭不見人影。

話說王爺威靈顯赫，澤被村民，自然不會與無知村童計較，然村童會模仿「童乩」，彷效師公科儀步數，證明神明的靈顯，早已深植人心，更昇華為村童崇拜的偶像，故群起模仿，乃是自然不過的事，所謂神威靈顯一定要有跡證，否則淪為空嘴嚼舌，白賊就對不住鄉親囉！

靈蹟之（一）：眾所週知王爺降駕附身「童乩」時，顯神通、展靈威，最常見的嘴巴「穿嗶針」，揮刀自砍肩頭，操流星鎚，甚至著釘鞋等超危險動作，若說無神明附體，尋常人是無法辦到，且更離奇的是，有一名「童乩」自小罹患小兒痲痺症，故走路一跛一跛是其特有標誌，然每逢起乩神明降駕時，跛腳不良於行，會變為正常人走路，若退駕時又恢復跛腳樣，實在很神奇，也無從解釋起。

靈蹟之（二）：早年浯島生活艱苦，未入私塾或學堂讀書，乃普遍現象，故鄉下除了耕牛多，「青暝牛」更多，就連偎王爺的「童乩」，也是其中之一，每逢起乩問事時，執筆畫符順暢不說，連帶寫字也非困難事，退駕時卻連自己的名字也不會寫。還有一名「童乩」，患有嚴重的口吃症，每逢與人相爭或吵架，吃虧的總是他，故村人總愛作弄他，小孩更愛模仿，然若起乩問事時，結巴的症頭會突然消失，不但說話條理分明，連幫襯的「棹頭」，亦輕鬆順利譯事，祇能解讀「真神」啊！

靈蹟之（三）：所謂「王爺講白話」、「棹頭」遇到「童乩」講白話，必定輕鬆稱職，若遇到王爺講官話，或是神話，甚至執筆天馬行空的運字，此時的「棹頭」，即便抓破頭，還是霧煞煞，但王爺降駕問事總要進行下去，如何化解場面尷尬氣氛呢？這就要看「棹頭」的道行功力，最常見的是，燃香改求另尊神明降駕，最常改請的神明是中壇元帥三太子，其次是虎爺，俗稱「哈陳爺」，祂們共同的特色，說話較為清晰分明，容易解讀，惟聲音較為稚嫩，如同囝仔聲，太子爺更有些許「臭奶呆」，至於虎爺則有些「層句」口吃……筆者走筆心懷虔敬，絕無半絲冒瀆，祈願神佛庇祐浯島蒼生是幸！

十五、古厝的傷痕之（一）賊仔清

夏夜的海堤，圍攏了男女老少的村人，男生著短褲汗衫，女生著長褲短衫，相同的是都穿拖鞋，吹海風的感覺真好，說人是非，道人隱私八卦更是有趣，隔壁村的「憨財」，跨坐在哪輛古董腳踏車上，一開口便是勁爆十足的八卦，他說：他們村裡哪位「豬哥忠」，年過四十好幾，才娶了對岸「大嶝」老婆，過門才三年，竟然生了四個小孩，而且個個都是兒子，他懷疑多出來的孩子，是從何而來？

此話一出馬上引來眾人的圍攻話題，「火旺仔」率先開砲：哇咧×恁老師，俗話講「袂做衫、先做領、袂嫁尪、先生子」。人家先上車，後補票，難不成犯法，或礙到你，真箇「人食米粉、汝在喊燒」。「雪仔」亦按奈不住。接著幫腔：「憨財」汝唔通看大陸婆仔嘸起，勢生子是伊ㄟ本事，哪像你同樣四十好幾，還在當「十一叔仔」。在一旁靜坐許久的耆老「通叔公仔」，見大家環繞著娶大陸新娘話題，好像若有所思，「咳呸」！一聲，終於吐出梗在喉嚨的哪口老啖，並緩緩道出一段發生在本村的陳年往事……。

「通叔公仔」說：「溝仔尾」哪棟要倒不倒的雙落古厝，前落尚完整，後落已傾倒多年，「深井」長滿了雜草，「櫸頭」牆壁上，竟然憑空長了一株烏榕樹，樹幹已有碗口般的粗，最特殊的是雙落宅內，有一口古井，井口是用一面鐵皮蓋住，上面貼滿無數張的鎮宅符令，話說到此，眾人莫不面面相覷，不解「通叔公仔」為何對雙落古厝，如此的瞭解呢？原來在他孩提時代，哪棟古厝已矗立村中，當年雙落完好，祇是與現今相同，依然沒有住人，在其印象中，唯一有人住進去是民國三十八年，由大陸撤退來金門的國軍，且因為有水井的關係，雙落曾充當國軍的團部，到了部隊有自己的營舍碉堡後，哪棟雙落古厝，就再也沒有人居住了。

年少時期，他與村中的同伴，受不了好奇心的驅使，偷偷的解開綁在門環的鐵絲，進入屋內發覺古厝寬敞完好，後落的公廳擺設，與一般人家沒什麼兩樣，也有奉祀土地公、灶君公等神明，另一側還有三尊神主牌，祇是香爐空盪盪，乏人祭拜，最令人印象深刻的是，正廳吊掛二張著清朝服飾的男人畫像，前額皆禿到頂，雙眼睜得大大地，不管走到哪裡，好像都在瞪你、看你，當年與同伴就是被畫像，嚇得奪門而出。事後不經意漏了口風，被他的俺公，用枴杖打到屁股多日不能坐椅，後來伊俺公才道出雙落古厝的過往故事……。

雙落古厝起建於清朝光緒年，曾經有過光鮮輝煌的過往，試想晚清時期，浯島經常面臨瘟疫、苦旱不雨，農作欠收，及內地股匪強擄的襲擾，村人普遍赤貧，有一處豬寮般大，可供棲身及安奉祖先的窩居，已屬萬幸，可敢奢言有棟雙落大厝安身，當年蓋得起如此氣派的雙落大宅，主人除非「落番屏」賺大錢，或是經營船渡運輸，與內地往來做生意致富，而本村的這位雙落主人，他是後者，他經營船渡運輸，也賺了很多錢，他的錢是用瓦甕罐裝，整甕整甕的白銀，埋藏於床底三尺處，他孔武有力，長相兇惡，他膽大過人，別人不敢接的船運生意，他照接不誤，他有一個不雅的外號，人稱「賊仔清」。說起他的發跡史，就必須談談他的身世來歷……。

「賊仔清」是內地「同安」人氏，早年命運坎坷，家境清寒、三歲之齡就被父親以十只白銀，賣入本莊當養子、養父母自己無出、自然對他寵溺有加，惟農村莊稼，傍海插蚵鏟蠔，沒有勞務，哪來三頓溫飽，祇是尚屬稚齡的「賊仔清」，僅幫忙一些輕便的雜務，直到七歲起放牧養牛，成了他的工作，哪一年「賊存清」的身上，發生了二件大事，第一件是他的養父，為顧及他的前途，不惜花費鉅資，聘請一位內地頗負盛名的私塾老師，來家裡教他讀書習字，此件事情還是莊內絕無僅有的創舉呢！第二件大事是「賊仔清」他哪位相差十一歲的「同安」大哥，跨海找上門來尋親，並通知一件噩耗，告知他的生父因積勞成疾，已病逝一年了。而此番他的大哥前來尋親，純屬因「工作」之便，前來敘兄弟手足之情，也因為他們兄弟的今日相會，竟從此改變「賊仔清」的命運後半生……。

十六、古厝的傷痕之（二）春娘

俗話說：「香無過爐不香」，「賊仔清」在養父母費盡心力呵護栽培，加上內地私塾老師的授業教導，果真思想見識大大凌駕村人，在他二十歲之齡，養父母抱孫延續香火心切，就幫他娶了一房媳婦，而「賊仔清」亦未讓養父母失望，媳婦過門一年後，就幫他生了一個白胖的兒子，試想二老延續香火的願望達成，內心的快慰喜悅可見一般，對「金孫」的寵溺簡直過了頭，祇要金孫的「金口」一開，不論天上飛的，地上爬的，祇要可以弄到手，阿公、阿嬤就「通通買給你」！大概是二老對孫子的寵溺過頭，開罪了老天爺，在金孫三歲哪一年，阿公在年頭，阿嬤在年尾，相繼無病過世，享年均不及六十歲，此時的「賊仔清」內心，喜多於憂，暗想做人養子多年，終於苦盡甘來，盼到了對方的「家產」了……。

村人對「賊仔清」繼承養父家產，咸認：「請鬼貼藥單」。這下「穩死」無生，但他是合法繼承，你又能奈他何，可是事情發展，竟出乎眾人意料，「賊仔清」棄農從商，改行做起生意，而且做的是高風險的船渡生意，哪時候的村人原本認定「賊仔清」，敗光家業祇是遲早的事，此番竟膽大包天，做起船渡生意，莫不擔憂他的老婆，隨時可能守活寡，而且斷送家族香火。村人如是想，並非全無道理，當年時局混亂，盜匪横行，市集店家遭股匪劫掠，時常發生，更何況船隻行走於浩翰汪洋，遭海盜洗劫，輕者船貨銀兩損失，重則遭殺害，棄置大海餵魚，落個屍骨無存。因此縱使船渡業可暴利興財，想入行者祇怕是「有命賺，沒命花」，故尋常人豈敢以生命作賭注呢……。

「賊仔清」敢與死神打交道，村人對他有多種臆測：「他」年輕氣盛，有「青瞑人不驚槍」的憨膽。「他」命底硬，尋常人四兩命，他少說有八兩重，故屬閻王老爺拒收之人。「他」有堅強的背後靠山，故遇海盜，有人出面擺平護航，故能事事平安，化險為夷。不論村人對他何種推斷，總之他活得好好的，且船渡事業，越做越興旺，從原先載人、貨往來「金、同」二地，較近的航線，到後來船行上海，甚至遠到台灣，均有他的生意網路。

人的事業順遂賺了大錢，就會想到起大厝與娶新婦，二件人生奮鬥的目標大事，哪一年的中秋前後，「賊仔清」開始著手實現他的人生大事，將「溝仔尾」舊矮房剷平，規劃蓋一棟氣派的雙落大厝，哪時候的村人無不欽羨他的大手筆，祇知他發達了賺大錢，但並不知道他到底有多少錢，直到拆舊矮房的當天，「賊仔清」特別放下手邊工作，禁止泉洲師傅靠近他睡覺的臥室，竟自行拿了工具，鎖上房門，自行拆他的臥房……事後他十六歲的獨子「順發仔」，不經意漏了口封，說出伊老爸在床底三尺處，埋藏十幾甕白銀及珍寶，為恐工人知曉，所以自行挖掘。此時的村人才驚嘆「賊仔清」真的發大財，而且錢銀是多到整甕整甕裝……。

發達的「賊仔清」有了錢，也開始迷信風水，及顯露不凡的身份，哪棟雙落大厝「深井」的哪口井，就是風水井，是用來聚財庇蔭後代子孫，而後落廳堂的人物畫像，畫的正是「賊仔清」他自己，所穿的清朝服飾，並非一般百姓衣服，而是大有來頭的「官服」，其前額直禿到頂，為何少了一頂官帽呢？原來按照大清律令，若無功名或是花錢買個「捐官」，尋常百姓是不准著官服地，而「賊仔清」既要名，又不肯花錢，索性來個祇穿衣、不戴帽，既滿足個人的虛榮，官府也莫可奈何。至於廳堂另側的哪幀畫像，有人說是他的養父，又有人說是他「同安」的生父，已不可考……。

「賊仔清」之獨子「順發仔」十八歲之齡，他也是抱孫心切，趕忙幫獨子娶了一房老婆，新娘子名喚「春娘」，也是內地「同安」人氏，據說還是「賊仔清」的「同安」大哥，居中牽線媒得的姻緣，「春娘」長得標緻大方，待人謙和有禮，侍奉公婆更是無微不至，故「賊仔清」雖是粗人，對這位有同鄉地緣的媳婦，自然疼愛有加，唯一看她不順眼的是婆婆「矮仔珠」，有此稱號亦頗為貼切，人除了矮小，待人更是勢利眼，尤其她哪張嘴巴，得理不饒人，村裡的人鮮少沒有被她的「利嘴」修理。此番「春娘」的入門，婆媳本天敵的矛盾情愫，正在醞釀著，悲苦的命運，正在等著哪位坎坷的女人……。

十七、古厝的傷痕之（三）倒房

「春娘」嫁入門，可謂「賢德淑芳」，扮演稱職的好媳婦，可惜美中不足的是，一年半過去了，腹中始終沒有喜訊，婆婆「矮仔珠」開始不耐，似有若無的給她白眼，或是無理的數落找碴，尤其是公公「賊仔清」不在家最為明顯，「春娘」也自知肚子不爭氣，對於婆婆的刁難，祗有眼淚往肚子裡吞，她家屋內凝結著使人窒息的氣氛，伴隨著一件「災劫」噩運的降臨……。

「春娘」入門第二年的初秋季節，公公「賊仔清」接了趟較遠的船運生意，船行中途卻不明原因翻覆，人貨皆葬身海底，屍首始終沒有尋獲，事後對「賊仔清」之死，有二種傳言：其一船隻機件故障，又遇初秋的颷風，導致船隻翻覆。第二項說法是：「賊仔清」是不折不扣的海盜，經營二十餘年的船運生意，祗是一種掩入耳目的偽裝，他的「同安」大哥是匪首二當家，所以多年來別人不敢碰的船運工作，他敢承攬，而且營運順利，從來沒有遇過麻煩的災劫，此次船隻不明翻覆，是「賊仔清」參與海盜的「大買賣」，在半途遇到清朝水師圍剿，船隻遭水師火砲擊沈。此項傳言應較為屬實，從他的綽號被冠上「賊仔清」，多少透露些當海盜的可信度……。

所謂「兔子不吃窩邊草」，此話非假，即便「賊仔清」是海盜，但他對本莊始終「秋毫無犯」，而且興資建廟，造橋鋪路，從不落人後，故村人始終對他有不錯的評價，然「天理昭彰」報應不爽，歹路走多了，除了報應在他自己身上，更可能因此波及家人、改變家運……而親人往生，家屬總是悽苦傷痛，「賊仔清」驟世噩耗傳來，「矮仔珠」自是肝腸寸斷，最傷心莫過於「春娘」，想起公公昔日的百般疼惜，如今天人永隔，頓失了靠山，未來家裡的處境會如何，「春娘」除了垂淚，腦子是一片空白。

唯一不哭的反而是「賊仔清」的獨子「順發仔」，他神態自若，一付輕鬆樣，莫非竊喜：「死爸江山換阮坐」。真箇「寵豬舉灶、寵子不孝」。由於「賊仔清」的屍首始終遍尋不著，最後無奈祇能結扎草人，穿上他的衣服，草草入殮埋葬，唉！可憐哀嘆「賊仔清」，拚搏半生，打造了如此輝煌的雙落大厝家業，死後竟然祇留個衣冠塚……。

「死人快過日」，轉眼「賊仔清」往生已屆「對年」，她的老妻「矮仔珠」依鄉俗，來趟

「找三姑」牽亡魂，想要查探「賊仔清」在陰間的近況，並順代「覓花叢」，查一查「春娘」娶入門三年有餘，肚子始終沒有懷胎的動靜，央請的是「後浦」老街，頗具知名口碑神準的老三姑，稟明事由來意後，老三姑一開口，便用「賊仔清」慣用的口吻：「訐恁老×，汝這「矮人厚悻」，恁爸「對年」汝才燒哪一點銀紙乎阮開，拵辦欲乎恁爸飫死，真是破狸」！當問到死因時，脫口丟了一句：「恁爸被人害死」！便以陰間事忙為由，就沒有下文了。第二件問「春娘」之孕事，老三姑說道：「恁新婦的花叢係，花枝雖然水，但是紅花、白花嘸半蕾，若要得花蕾，除非換花叢」。「矮仔珠」聽畢，整個人癱坐在地上，解讀老三姑話語為「春娘」雖美，但子嗣命淺，無生兒女之命格，後半句「得花蕾，須換花叢」，意為要得子嗣，必須要續弦納妾……。

「矮仔珠」原本對「春娘「就有成見，此次又獲得老三姑的妄言背書，她的怒火已沖昏了理智，認為尫婿「賊仔清」的橫死，是因為「春娘」的「白腳蹄」，帶晦氣所剋死的，更對她嫁入門已三年有餘，尚無法生育延續香火，全是「春娘」的罪責。殊不知生小孩這檔事，男女雙方皆有一半的責任，且村人指證歷歷，「矮仔珠」之獨子「順發仔」，自小被家人寵溺過了頭，幼年可謂「過動兒」，有一回因為嘴饞貪玩，爬上鄰人一株「麗仔佛」樹，偷採成熟的紅心芭樂，不慎一腳踩空從樹上跌落地面，不巧他的「卵葩」剛好插到樹底下的枯枝，流了很多血，人也暈死過去，事後人雖無恙，唯替他看診的城裡大夫說過：「長大可能會影響生育能力」。此件事情與他同齡的同伴皆已知曉，且經常以：「順發嘸卵葩」譏笑他。

「矮仔珠」的眼裡，兒子是寶，是完美無缺，媳婦是草，是賤命的「土香」草，無法延續香火，當然要拔之而後快，那一年的八月中秋，天上烏雲罩頂，「月娘」不肯給面子露臉，但莊內依然充滿人團圓的氣氛，唯一例外的「溝仔尾」那棟雙落大厝，傳來吵嘈的聲音，音量忽高忽低，一直延續到午夜才停止。翌日傳出「春娘」承受不住婆婆「矮仔珠」要替獨子納妾的壓力，投井自盡，「春娘」死了，大陸新娘解脫了，且魂歸老家了，「矮仔珠」她們一家，三天不到也搬走了，走得匆忙、走得害怕……唯一留下的是雙落大厝，及無人祭拜的神主牌，還有「賊仔清」畫像中哪雙看人的眼睛。

十八、從燒金談起（上）

歷史課本告訴我們，造紙術是東漢時期，蔡倫所發明的，相傳我們拜拜所用的「金紙」，也是蔡倫的發明，據說「小蔡」有此發明，是有件不太光彩的內幕，由於發明造紙術，當時的社會接受度不高，造成紙張嚴重的滯銷，「小蔡」一家瀕臨破產邊緣，他急了，也病了，老婆見家裡即將斷炊，除了無法諒解「小蔡」的辛勞，嘴巴更是刻薄，脫口一句：「嘸路用的查脯子，乾脆去死死算了」。

也因為老婆的無心氣話，卻啟發了蔡倫的靈感，於是與老婆串謀，演了一齣騙人的「詐死」戲碼，演戲要逼真，道具當然不可少，事先將滯銷的紙張，用剪刀來個改頭換面，重新包裝：紙張中間貼著金箔為「金紙」，貼著銀箔稱為「銀紙」。他老婆為取信世人，除了搭設靈堂，且哭得逼真，更絕的是一連幾天，在他家門口焚燒哪些所謂的「金、銀」紙，街坊鄰居不免好奇，紛紛向她老婆打探：「所燒何物？有何作用？」，他老婆開始誆稱：「死去的丈夫前來託夢，告知燒化後可作為陰間所使用之錢，燒越多可保亡者免受惡鬼欺負，且所燒化之錢，又區分為「金、銀」紙錢二種，金紙係燒給神明，銀紙又稱冥紙，是燒給往生的「亡靈」等云。眾人聽後便開始仿效，紛紛向她購買，從此我們這位施手段、詐死的「小蔡」不但賺滿荷包，更推廣了燒金紙的風潮，然施詐騙錢定怕東窗事發，「小蔡」的下場，若非連夜搬家，便是著布鞋「跑路」去了……。

所謂：「有山著有水，有神著有鬼」。姑不論世間到底有無神鬼，既然舉頭三尺有神明，且人在做，天在看，試問哪麼多雙眼睛看著你，自在否？連我們孔老夫子都說：敬鬼神而遠之。倘若世間無鬼神，何來害怕避之？浯島金門宮廟多，神明更多，家鄉父老們莫不咸信：「有呷有行氣，有燒香有保庇」。人生我，我生人，代代相傳的鄉俗及文化，若冠上「迷信」二字，除了太沈重，也是對先人祖輩的不敬，理由無他，也無須解釋，因為哪就是我們的「根」……。

人說：「青瞑ㄟ興博杯，跛腳ㄟ興起同。」浯島金門最興「燒金」的是誰？是大人？是小孩？全錯！答案是「老大人」，而且是女的「老大人」，她們為何哪麼喜歡「燒金」呢？若說她們內心空虛，亦不為過，她們具有「老大人」囝仔性特質，記憶力退化了，祇記得從前種種，卻很容易遺忘了眼前事情，她們鎮日「碎碎念」，說過的話重覆再重覆，最常吐她槽的不是別人，是她視為寶的「金孫」，口徑總是：「安嬤汝講規路十遍啦，安嬤汝真煩呢」！

試想家裡沒有忠實的聽眾，又贏不了歡迎的掌聲，當然祇有走出屋外，說給神明聽較為實際，神明除了能賜給全家人平安，更能扮演絕佳，且「無言」的聽眾，她們口才一流，是有原因地，試想打從年輕跟神明交陪搏感情，說相同的話語，遠的先從台灣的「甘仔孫」求起：莫不平安、順俗，加上頭殼硬，近的從阮子、阮孫、阮新婦的大八肚，尚未降世的嬰兒，一併祈求，絕佳的口才就是這樣鍛鍊地！但不知神明被她疲勞轟數十年，會厭煩否？

筆者認為神恩廣被，應不會與「老大人」計較，況且我們從她虔敬的話語，可體會她拜神的誠心，例如年輕輩稱呼神明，頂多是某某王爺，而她已當上阿祖級，對神明卻不敢賣老托大，開口無不：某某王爺公祖，我想即便神明對她可能有哪麼一丁點的煩，然每回被她「公祖」的頭銜冠上，內心必然茫酥酥，也就不會嫌煩了……。

老阿公一般拜神，為什麼沒有老阿嬤勤快呢？論理阿公德高望重，受鄰里尊敬，出口成章是他的拿手絕活、滿肚子故事，配合絕佳的表演天份，任你怎麼想，他與神明打交道的本事，就是差阿嬤一級，原來老阿嬤雖然沒有阿公的學問與見識，要她膨風也「膨無路」！但她有一項天賦，就是不怎麼會害羞，當她一踏入宮廟，即使旁人眾多，扯開嗓門根本無視旁人的存在，像她如此優點，但不知德高望重著稱的阿公，做得來否？記憶裡孫子輩對阿嬤的反應是：「安嬤，卡細聲咧，阮ㄟ歹勢」。而阿公的反應則更直接：「老查某，卡細聲咧，見笑死」！接下來則是將整只「金紙」，丟給阿嬤一個人去燒，供桌上的「順盒」供品，更忘了收，趕忙走出廟門，嘴巴還在「碎碎念」……。

十九、從「燒金」談起（下）

俗語說：「小鬼袂堪乀得到大百金」。神鬼所使用之紙錢均有區別，燒錯了不但冒瀆神明，更容易開罪亡靈鬼魂，故「燒金」拜拜的學問可不小，切莫「膾博假博」引來不必要的麻煩，一般生手上路，全然不知禮數，最聰明的做法是，「舉香跟著拜」較為穩妥，至於不懂得祈禱，及用何話語與神明交流，我想「誠心」最重要，你有誠意，姿勢雖不好看，神明必然不會與你計較。

「燒金」拜拜，若能求得全家平安，已屬萬幸，千萬不要　想添福壽，又想發橫財。近年政府做莊的樂透彩，大行其道，彩金動輒好幾億，發財夢人人想，日前不經意瞥見一名戴著帽子的尼姑，在一間投注站前駐足，先是左顧右盼良久，待人潮漸散時刻，驅前並刻意壓低音量：「喂，頭家五十塊，電腦揀」！此時的老闆職業本能，發揮超高默契，瞬間即遞給一張彩券，原本過程快速，尷尬氣氛降到最低，孰料一旁有一位好事者，脫口一句：「噢，電腦也會滾土豆」！尼姑漲紅著臉，帽子壓得更低，還好老闆機靈講一句：「別人託買的」。幫尼姑解了圍，論理尼姑也是凡人，她們也有夢，所謂：有夢最美，哪個「希望」才會相隨，至於你我凡夫，更無須理會旁人的眼光，祇要能力許可，簽多簽少干卿彼事，祇是個人的發財夢，若妄想借助神明之力，來幫你圓夢，結果定是「汝愛王爺㖿乎汝拍派」。

神明是公正無私的，信眾若心中有所貪念，任憑你準備一牛車的金紙，前往祭拜祈願，願望均很難達成，試想即便一牛車的金紙，折算新台幣也無須多少錢，若神明哪麼容易讓人收買，祂就不是神啦，道理簡單，今日神明若庇佑你，沒有庇佑他，除了有失公平性，倘若碰到像台灣有些瘋狂的信徒，發財夢未達成，竟然遷怒神明，輕者拔祂鬍子，重者利斧侍候，甚至放水流，想來台灣的神明還真不好當。然「舉頭三尺，皆有神明」，膽敢冒瀆神明定遭天譴，幸運的是「海濱鄒魯浯島，信徒無不咸信：「對神明心存虔敬，神明定能庇祐蒼生」。故彈丸小島竟能「出產」那麼多進士、博士、將軍……在在說明冥冥之中，自有神明哪股「神威」，在默默護持著我們這塊土地。

「燒金」若不談「拜拜」，如同剃頭剃一半，而「拜拜」概分為：天、神明、祖先、鬼四類、祭祀時所準備的物品，計有香燭、供物、紙錢、爆竹、杯筊等等，這些物品隨著祭拜對象的不同，有不同的使用方法，僅簡略敘說它們的作用及涵意，「香燭」：人與神鬼距離遙不可及，而香經點燃後，產生裊裊青煙，可上天入地，它具有傳遞，告知神鬼的作用。

「供物」：可分五牲、三牲、小三牲。五牲為：豬肉、雞、鴨、魚、蛋，因數字大，禮數足，泰半用於祭拜神格較高的神明。三牲，可由五牲中選擇三種牲品。一般用於次高神明，例如王爺、千歲等。而小三牲，所謂「小」就是減量或替代，如雞，可用雞蛋替代，魚可用小魚或魷魚替代大魚、豬，可用豬肉片替代之。一般是祭拜神格較低神明，如神兵、神將等。至於祖先，一般是用菜飯，又稱五味碗，是指腥料理十二碗以上供品。

由於祖先與我們關係非比尋常，祇要經濟許可，任憑大魚、大肉，作供品，拜完順代祭一下自己的「牙槽公」，也是「可以的啦」！另外祭拜鬼魂之供品較不講究，祇要白米飯加一些菜餚即可，若說此等「招待」過於寒酸，然古訓「敬鬼神而遠之」在耳，奉勸最好還是「保持距離」為好。

「拜拜」除了須識禮數，更要瞭解一些禁忌，才不會適得其反，例如拜天要用盤香，以示淵源不絕，拜神用三柱香，拜祖先二柱，拜鬼魂一柱即可。禁忌方面，拜神明之供品，忌用蕃石榴，因它籽多，食之隨排泄物排出，入土又可發芽成株，如此不潔作為供品，即便神明不好意思婉拒，也必「許」在心裡，「口難開」。忌用食過之物祭神，當知凡人皆不喜歡食人嘴涎，以此推論神明喜歡否？忌用釋迦及李子，佛祖之頭型髮卷形似釋迦，而道教始祖太上老君姓李，用此祀祭，除了失禮，更屬不敬。忌用苦瓜拜神明，苦瓜不論字，或口感皆苦，以此祭拜即便當事者，不怕招徠「苦」厄連連，神明一嚐，也必賞給你一張「苦瓜臉」。（本文有部份內容引用林進源君所著《中國神明百科寶典》）

二十、遷界前後的哪段日子（上）

強擄土匪劫掠村寨，可恨！但不可怕，因為他有針對性，專門從富裕之家下手，他來去一陣風，得手財物或綁得肉票後，旋即消失於蒼茫暗夜中，受害者搥胸，嚎啕哭喊，景像淒厲，令人掬淚同情。但多數人卻額首稱慶，並非他們缺乏惻隱之心，而是一家受難，暫時可保多數窮人平安，這是蕞爾小島百姓生存的無奈！

而出了娘胎，赤貧、瘟疫、旱荒……更是揮之不去的夢魘，苦難如鬼魅般籠罩著這塊小海島，所幸島民樂天知命，苦中作樂，依然安度著大不易的生活，但任誰也想不透，朝廷的「政爭」，卻是它致命的要害！地理上它離北京朝廷是何等的遙遠啊？原本八杆子也打不在一塊，歷次朝代更迭，充其量亦僅能向新朝廷納少稅，繳少許糧，輸一下忠誠罷了，因它僅係南方孤懸小海島，屬食之無味棄之可惜的島，故當朝泰半視之「化外之島」！儼如編制外的孤兒。

然此番竟會引起注目，並非它「由貧轉富」身份升級，而是明鄭國姓爺鄭成功，在「金、廈」二島興「反清復明」大旗，很不幸的是「它」雀屏中選，被當兵的選中，無端的被迫捲入

「政爭」，它無權抗拒回絕，它更不識「明鄭」與「大清」誰忠？誰奸？因為歷史戲碼「成王敗寇」的定律始終不變。

想當初滿人「韃子」進山海關，直達北京城，幹掉了「明朝」奪了政權後，地位隨即翻二翻，「韃子」不雅的稱號隨即消失，「大清」的旗號升起，四海敢不誠服跪拜乎？今日明鄭國姓爺，想用其人之道，幹掉「大清」來討回正統的顏面，但打仗的根據地選在我們這塊小島，戰火一旦升起，家園裡房舍、人命、牲畜、莊稼……浩劫將無法想像，從長輩們忐忑愁容，幼兒們暗夜啼哭聲，已能真確感受他們內心的惶恐與不安……。

蕞爾小島的傷痕記憶，就從大清順治三年（一六四六年）算起，彼岸的福州被國姓爺攻破，哪年想必順治帝，受到驚嚇刺激，埋下日後出家當和尚，說不定也是關鍵的因素之一。國姓爺大軍齊聚會盟於「烈嶼吳山」，宣告了「土地所有權」歸屬鄭家。而島民百姓，無須宣告，當然屬國姓爺的子民。

從哪年起父老兄弟，一把剪刀剪去後腦勺哪束不雅的辮子，貨幣流通，使用永曆通寶，鄉老們慶幸暗夜裡的治安變好了，因內地的強擄土匪，好像從良去了，一夕之間不再打家劫舍，以往擔驚受怕的日子終於遠離，家戶終於可以睡個好覺，百姓莫不感謝國姓爺的恩澤，惟赤貧土地終究不會因「領主」的不同，而改變成良田，天旱不雨，五穀欠收日趨嚴重，時年島內盛傳：國姓爺富可敵國，除了治軍嚴明外，舉凡投入麾下當兵者，頓頓有大米食，月月有糧餉可領……。

立時島內風起雲湧，紛紛投入帳下者眾，他們思想單純，頭腦簡單，所圖所想，僅係填飽肚子，及央望改善家計，惟軍旅中能夠冒出頭者，實在不容易啊！試想扛慣鋤頭者，改拿刀槍劍戟，是何等困難，鄉賢洪旭、周全斌、林習山……等等島內精英，能在國姓爺帳前，擔任文臣、武將，他們各各飽讀詩書，並熟諳兵書戰略，除了有過人的智慧頭腦，更要有一顆矢志不貳的忠誠之心，且歷軍旅兵危險關，「地位」可謂用命換來的！

明永歷十四年（一六六〇）是蕞爾小島的命運轉折年，是年是國姓爺二次北伐失敗的年，明鄭大軍逐鹿中原失利，水陸二軍還師「金、廈」二島，偌大的小島，一下子會集數萬兵丁，沿海數里，幾乎泊滿鄭軍戰船，旌旗迎風飄揚十分壯觀，好奇鄉人莫不扶老攜幼，前往海邊爭相圍睹，壯盛軍容感動鄉人，莫不發出嘖嘖讚嘆聲！

惟一旁學識淵博的私塾先生「文仲」卻搖頭謂嘆，他說：數萬大軍會集赤貧小島，民生吃食就是大問題，若暫歇尚無虞，若長駐，島地百姓必將受拖累，且大軍駐紮於此，島地淪為戰場，二軍一旦開戰，百姓命如螻蟻……「文仲」發出憂慮的長嘆！道出鄉人不知的危機。

果不其然島地參天古樟木，無端的被鄭軍砍伐，從數百、千、萬到殆盡無存，浩劫啊？土地生態被剝了層皮，造成了滾滾黃沙，土質改變導致莊稼不生，即便您國姓爺有嚴明軍紀，軍隊秋毫無犯地方，但您可知曉，島地田雖赤貧，莊稼收成，尚可充饑保命，惟此番土地的浩劫，不知何年何月才得以恢復？可您卻要走了。就在第二年明永曆十五年（一六六一年）的三月二十日，料羅灣您下達起兵的砲聲，轟隆巨響聲，撼動了整個小島角落，也帶走您和軍隊的離去，雖說您有委派世子爺鄭經，繼續留守島嶼，但他能賞這塊小島子民一口飯食否？

二十一、遷界前後的哪段日子（下）

國姓爺的船艦走了，世子鄭經銜命繼續留守「金、廈」諸島，時年，清廷藉機對往來內地客商散佈：鄭成功攜家帶眷東渡臺灣，離棄「金、廈」子民態度明顯，倘若遺民棄暗來歸，朝廷既往不究，並給封賞，否則大軍破城之日，全島將屋毀，人畜不留……。

朝廷散怖流言，製造恐慌果然奏效，島民聞訊，無不驚慌失措，有機巧者無不翻箱倒櫃，找出塵封多年的姓氏祖譜，盼能從中探查內地族親根源，俾能前去投靠依親，若族譜失落無著，僅能攀搭姻親戚友，隨同前往。尤其是在國姓爺帳前任官家族，如同獲得一只保命的「平安符」，因為家眷可獲世子爺庇護，且遷居臺灣亦有鄭軍隨船保護，故當時眾多鄉人，為圖苟活，男的委身官家長工，女的自願擔任官家丫環……他們所求僅係卑微的保住性命，因為命存，眾家香火得予延續，否則一切枉然矣！

而人世投胎有諸多不公平，若投身富裕之家，則半生無虞，享受物慾不缺。若出世窮困家庭，則經世勞頓，全為生計奔波不息。在赤焰的太陽底下，唯獨一件事情是公平的，它是「死亡」！因死是不分貧富貴賤，一旦天年陽壽已盡，不分年齡老少，即便你是帝王將相之尊，亦難逃死神召喚，明永曆十六年（一六六一年）五月初八日未時，當日上午陽光普照萬里無雲，是典型大晴天，孰料「天有不測風雲，人有旦夕禍福！」它說變就變，午時一過由東邊飄來一大片烏雲，緊跟其後是無數片黑捲雲跟隨，瞬間即遮避太陽，接著是炫目的閃電，配合嚇人的轟隆雷聲，旋即落下傾盆大雨，鄉人無不驚嘆天氣驟變無常！

莊內素有上知天文，下知地理的私塾先生「文仲」見他眉頭深瑣，嘴巴發出嘖嘖聲，好像心有所感，過了良久才聽他開口：今日天氣驟變，非吉兆之象，所謂「雲從龍，風從虎」，見烏雲發自東方，本日又是農曆初八日，屬日值月破大耗，最為不吉之凶神，肇發東方，恐怕當地有巨星殞落，而烏雲籠罩浯島大地，突發傾盆大雨，日後恐將受殞星牽動，有厄運臨身之禍矣！「文仲」說罷，又掐指算算東方殞星誰屬？最後已推算出對象，唯卻不敢言明，因時局艱險，說話不對，隨時有性命之憂，但好奇鄉人仍窮追不捨，「文仲」無奈，祇能從袖中掏出一只壓書的「鎮」尺，往地下一擺，而鄉人天資魯鈍，還是不解其意。

然事情果然應驗，明永曆十六年（一六六一年）五月初八日未時，國姓爺鄭成功驟逝臺灣，得年僅三十九歲，消息傳來，島地鄉人同悲，家戶紛紛自動裁剪白布，為國姓爺吊喪「包頭白」，世子爺鄭經為恐清廷趁機來犯，下令水路二軍加強戒備，斯時島地氣氛詭異，空氣中瀰漫一股山雨欲來風滿樓的肅殺之氣。「討海」鄉人幾乎不敢出海作業，市集漁販無魚可賣而叫苦連天，田裡做稼農夫，景況同樣淒慘，午時未過即遭兵士驅趕回家，導致原本欠收莊稼，更是雪上加霜，各家各戶幾近斷糧，鄉人為了苟活，紛紛採摘野菜充饑，野菜殆盡，換採野草，最後是啃樹皮……。

哪種生活慘狀，猶如人間煉獄！私塾先生「文仲」之推斷果然應驗，當初往地上擺放「鎮」尺，原來是取其諧音，暗示「鄭」姓殞落，今日島地慘況，他更預言：悲慘還在後頭呢？明永曆十七年（一六六二年）十月，世子鄭經赴臺灣繼位，他這一走，全島鄉人如喪考妣，並非世子恩澤鄉人，獲百姓擁戴，而是憂心他這一走，島地恐將有失，一旦清廷破城，鄉人必受株連。

明永曆十八年（一六六三年）癸卯十二月二十六日，清軍破城登島，為斷絕沿海百姓對鄭氏政權維護，頒佈「遷界」內地三十里的命令，明訂：「寸板不許下水，粒貨不許越疆」，違令不從者，凡越牆一步者砍頭，凡不肯「遷界」者，焚燒其屋。」試想鄉人之命，何其悲苦淒慘啊？各家戶早已斷糧，不知有何物可接濟鄭家？且臺灣何其遙遠，黑水溝天險單靠雙足，如何能渡啊？

要走！有錢有勢者早走了，留下來的人，都是赤貧無助的百姓啊？此番「遷界」他鄉，全無親戚可依，走是死，不走也是死！留下來尚可為公廳祖宗，早晚上柱香，清明亦可上墳頭掛紙掃墓，鄉人內心如是想，長者長年臥床行動不便，他們更不想離棄家園！但官家的命令如山！眼中早已認定這塊島地全屬反賊之民，不遵從命令，恰好可供兵士們一個「試刀」的機會，莊內「東甲」的殺聲起，焚屋的火光烈焰沖天，「西甲」的兵士鋼刀隨即呼應，淒厲、慘叫、哀鳴，傳遍整座可憐的村落與島嶼……。

二十二、馬仔墓傳奇（一）憨狗踢馬

清朝光緒二十年，浯島爆發哪場大鼠疫，不論城內或鄉村，祇要被感染，皆難逃死神的召喚，莊內有位名喚「憨狗」者，就是受害人之一，他雖倖存下來，可是父母親卻相繼染病往生，試想七歲之齡，若沒有父母的照顧，即便存活，也是離死不遠矣！所幸天無絕人之路，他的一位好心的堂伯，不但幫助處理父母的後事，還不計自己子女眾多，仍然大義收留他，沒爹娘的小孩總是較早熟認命，「憨狗」自知不能白食米糧，稚幼年齡就扛起堂伯家裡，牛羊牲畜的放牧工作。

而堂伯宅心仁厚，對他更是視如己出，疼愛有加，祇是堂伯從事鹽埕工作，因為生意必須經常赴內地，在家時日反而不長，這段空檔是「憨狗」最難熬的日子，失去堂伯這位靠山照拂，經常得面臨眾堂兄弟，對他這位外來客的嘲諷及欺凌，尤其堂伯母為人勢利刻薄，規定他牛羊放牧，若未餵飽，就罰他不准回家吃飯，由於一年四季氣候互異，直接影響牧草之生長，目前又正值隆冬季節，草木皆已枯黃，可預見「憨狗」的肚子，將是有一餐沒有下一餐……。

是日的午後，雖有冬陽，惟「憨狗」身上僅穿著哪件堂兄棄之不要的舊衣衫，外面再套披一件麻布袋，全身還是冷得發抖，小腦思索著哪裡才有較為茂盛的牧草呢？想著想著，終於心中有譜了，目標選定位於浦邊村郊的黃龍山，哪裡有一片斜坡小丘陵地，目前雖屬冬季，惟牧草卻始終茂盛充沛，他年齡小想不透其中的原故？或是蘊藏著某些禁忌？他祇知讓牛羊吃飽肚子，晚上他才有飯吃！

一抵達小丘陵，觸目所及果真牧草充沛，心頭自是歡喜非常，趕忙分配牛、羊的食草區域，釘好「牛橛」後，才放下心中的哪塊大石頭，露出了久別的童真笑顏。解決牛羊的「吃飯」問題，哪他呢？他餓了，肚子不聽指揮，咕魯、咕魯作響，原來他中餐未食，就被堂伯母趕出來放牧，可是發育成長年齡，肚飢真的很難熬，眼下祇好先將麻繩做的褲腰帶，綁緊看能否撐到晚餐時刻，但飢寒交迫，會使人眼冒金星，內心的意念就是「我要吃東西」！可是在這前不著村，後不落店的荒郊，何來食物可供入肚呢？放眼四周，他終於看到了……。

「憨狗」他看到什麼？是老天爺垂憐他無父無母，由天上掉一粒饅頭，讓他充飢？還是有好心人，專程替他送餐呢？這些可能若存在，哪他就不會經常餓肚子，他看到的是前面有一坵、翠綠茂盛的蕃薯田，祇是不知是哪戶人家所有，內心雖猶豫著，但餓昏頭的大腦，驅使雙腳前行，一到目標區，就伸出那隻小手，往蕃薯的土堆一插，鬆軟的泥土，讓他很順利的帶出二條蕃薯，飽餐一頓露出了幸福的神情，看著牛羊貪婪地啃食久別的青草，他的心情踏實，惟人也跟著睏了乏了，在這冬陽的午後，若能找到一處「掩風」之地，來個「照西日」，順便小憩一下，那將是何等的美事啊！

內心想著，雙目四處搜尋，他在丘陵斜坡發現一處腹地，他不知此處就是鄉人口中，鼎鼎大名的「仙人覆掌」靈穴！埋藏著一位赫赫有名的大人物，便是皇帝誥贈刑部員外郎之「陳禎」是也，眼前「憨狗」所看到的，祇是石頭做的石羊跟石馬，至於墓還有墓碑上寫些什麼字，從未進學堂的他，除了看不懂，也沒興趣懂，唯一勾起他的興致是墓園外圍，有成排蘆竹、蘆葦可擋冷冽寒風，冬陽由正面投射入內，躺臥在綠茵的草地，享受著「照西日」，他祇能由內心說一句：舒服啊！

「憨狗」原本躺在鬆軟的草地，是很舒服，惟頭部欠一個枕頭墊著，就稍嫌哪麼一點美中不足之憾，最後他瞧見石馬的底座，恰好可作為枕頭，他就這麼一躺，果真舒服無比，很快地就帶他進入夢鄉，睡熟的「憨狗」接連作了二個夢，第一個夢，他夢見老宅古厝，他看見疼惜他的父母親，父親手裡拎著一袋他最愛吃的「卡車餅」給他，他吃完一個，果真滋味香甜無比，正欲掏第二個來吃時，突然被一陣噠、噠、噠、的馬蹄聲驚醒，老宅消失了，愛他雙親不見了，連他最愛的「卡車餅」也沒了。

隨著一陣暈眩，他又進入第二個夢境，還是那陣馬蹄聲，聲音由遠而近，越來越強烈刺耳，他終於看到來者是一匹馬，是一匹張牙發出嘶吼的恐怖馬，一到他跟前，突然前腳躍起，作勢要踩死他，在生死交關時刻，那匹馬竟然懸空停格了，馬嘴發出聲音，講的竟然是人話，牠說：「猴死囝仔，阮厝ㄟ青草攏乎恁ㄟ牛甲羊呷了了，汝存辦欲乎阮餓死！阮警告汝，後擺擱來，嘟欲甲汝踩死！」「憨狗」受此驚嚇，不但醒，而且是連人由石馬底座滾下來，他回過神，直覺石馬搞的鬼，害他第一個甜美的夢境消失，更在意他的「卡車餅」沒了，不由怒火中燒，乃趨前對準馬腹就是一陣亂踢、還回敬牠幾句……。

二十三、馬仔墓傳奇（二）神馬出界

話說浦邊村郊，黃龍山斜坡小丘陵上，哪片翠綠繁盛的青草地，被不知天高地厚稚齡小子「憨狗」的哪群牛羊啃食殆盡，受害者便是陳禎墓園(俗稱馬仔墓)的哪匹石馬，牠不但是自家的糧草遭到盜食，還被猴死囝仔「憨狗」踢牠腹部好幾腳，心中委曲誰人知啊？

然石馬細想，「憨狗」父母雙亡，身世堪憐，況且先入他夢境「恫嚇」在先，故怨不得討來皮痛，尤其牠今日的身份已不比往昔，牠已晉昇為「神馬」，這除了得力於多年的吸收日月精華，更感謝「后宅」莊內的哪隻「九公腰」的大黑狗，就是哪一年黑狗兄路過墓園，不經意地在牠的前腳灑了一泡尿，讓牠通體舒暢助長演化，才有蹬足飛天的神力，當然最要感謝的是牠的主人陳禎，因為有他的「仙人覆掌」靈穴加持，牠才得以……。

石馬自詡有蹬足飛天神力，惟還沒有修練到不食不餓的階段，牠與凡馬無異，餓了還得吃青草，可是眼下哪片自家草園，已被「憨狗」的牛羊啃食一空，時序又是隆冬季節，想覓食青草不容易啊！想到真是一個頭二個大，入夜後冷風襲來加上肚飢，格外難受，石馬問了對面的石羊：八肚ㄟ飫鱠？石羊除了猛點頭，亦僅能咩咩叫的回應。原來石羊神力不足，尚無法開口說「人話」，更別提有蹬足飛天的本領。

彼此同病相憐，然「飢餓」問題總得解決，可是放眼四周哪來青草呢？突然石馬靈光一閃，露出陰沈的冷笑聲，牠的主意竟然也是打在哪坵蕃薯田，自認夜黑風高，哪有人煙出沒，且採用跳躍式的盜食手法，即便天亮，蕃薯園主人也是很難察覺。所謂：「飢寒起盜心」，就算已晉昇「神格」的石馬，也是如此，何況年幼無知的「憨狗」，因飢餓偷拔兩條地瓜的事，也就不足為奇囉……。

雞鳴狗盜事情做多了，即使不被察覺，可是「良心」譴責這一關，是很難通過地，某一日的午後閒來無事，石馬與石羊正在「打嘴鼓」，聊些人間百姓的「八卦」事，石馬講得興高采烈、嘴角全泡時，石羊總是有風度的點頭聆聽，當然每到精彩處，總不忘來個「蹄」聲鼓勵、鼓勵，說到忘我之際，石馬竟將話頭扯到主人「陳禎」的身上，此時的石羊「蹄」聲鼓勵不見了，臉色變嚴肅了，石馬才察覺自己主僕不分，失言了！

回憶起主人陳禎，在明朝武宗年間考上貢生，雖僅官任廣東長樂縣訓導，惟重禮教，嚴課子孫讀書，故次子「陳健」於明世宗年間，能高中進士，官任南安、南寧知府……所以主人因教子有方，辭世後能蒙皇帝誥贈「刑部員外郎」的殊榮，彼等有幸才能立身在這「仙人覆掌」的靈穴，長年伴主隨侍左右。如今主人因為人正直，對地方有殊勳貢獻，已蒙天上玉帝敕封為神……石馬回想至此，冷汗直流，想想前些日子的荒唐，竟然趁主人不在之際，偷盜民間百姓蕃薯，實在有辱主人盛名，真是汗顏之至啊！

石馬想到這裡，羞愧難當，乃暗自立誓：往後即使肚子餓，也絕不再偷食附近百姓的農作物。牠果然信守承諾，一二個月過去了，附近百姓的莊稼不再遭殃，石馬的品性變好了，儼然是一匹從良的好馬，牠的「好」石羊可以為證，祇是石羊有口難言，不懂「人話」，故單從一二個月的觀察，就來斷定人的良善，多有點稍嫌武斷，更何況牠是一匹馬。

此話果然獲得了印證，就在第三個月的某個夜晚，石馬依然強忍著肚子餓的煎熬，忽然有隻動物由牠眼前閃過，來者是一隻灰白的山兔，由於兔子的出現，卻啟動了牠犯罪的意念，想起「兔子不食窩邊草」的涵意。自忖：若偷食外地的莊稼，應該很難被人察覺，自認想法應可天衣無縫，乃先蹬蹬四蹄，來個暖身操，再來個五四……倒數計時，咻！的一聲，四蹄騰空，牠飛起來了，高度定位在離地五十米，不能再高，也不敢再高，因為牠有哪麼一點「懼高症」，而飛行的目標區，就選定隔海的「同安」地界，因為不能再遠了，遠了牠怕體力不支，有「墜馬」的安全顧慮，過了「白哈礁」，知道已達「海峽中線」，內地的山川已歷歷在目，越過了「大嶝島」，判斷離目標區已經不遠了，最後牠終於飛抵「同安」地界，降落時，有哪麼一點重心不穩，是體力太差，還是後繼無力，牠說不是啦！「歹勢」，是有哪麼一點「暈馬」！看到「同安」坵坵良田，皆是翠綠茂盛，見此情景，除了竊喜不虛此行，也忘了飛行的疲憊，此時的心情是亢奮地，並且開始驅動牠的貪婪大嘴……。

二十四、馬仔墓傳奇（三）王爺升堂

石馬自飛天過界，盜食「同安」百姓莊稼，每回深夜犯案賦歸時，都不會忘記順便帶點「戰利品」，來分享在家挨餓的石羊，表面上看，牠具「有福同享」的同胞愛，然實際上，是石馬城府極深，先施予甜頭嚐，塞石羊之嘴，預防哪天雙方不對頭時，告牠的密！另一層，即使東窗事發時，因石羊亦有吃到，可將罪責推到牠的身上，此乃「一石二鳥」計謀，石馬你也真夠高啊？同僚相處，欺侮老實人，你也真夠狠喔？

人做壞事，從初期生澀膽小，深怕被抓，到壞事做多了，經驗越老練，膽子大人更壞，故有句「賊卡惡人」便是如此形容，而石馬的心態也是如此，牠認為偷一件也是偷，偷十件百件也是偷，牠先從二三日幹一件壞事，到後來幾乎夜夜犯案，相對地「同安」農村受害戶數，越來越多，從村擴大到鄉，鄉擴大到整個縣，石馬你也真能「吃」，而無辜受害百姓，他們可就慘啦！賴以維生的莊稼，變成你腹中佳餚，他們的心情你理解否？除了咬牙切齒，詛咒怒罵賊人的夭壽，更組織鄉勇自救隊，入夜分梯次巡更，告到官府派兵丁緝拿，都毫無所獲，石馬你也真能躲啊？

所謂：百密總有一疏，壞事幹多了，總會留下一點跡證線索，即使你是「神馬」，但當你一踏入人間土地，蹄印總會留下吧，沒錯，「同安」農戶就是發現你留下的蹄印，判斷偷食莊稼作物，是一匹馬，他們更斷定來者定是外來馬，因為本地牲畜，都是豢養的，有固定的繩索綁著，他們如此有智慧的判斷力，但不知你心驚否？我想問了也等於白問，因為你自視甚高，自認有個「神」字，可高「人」一等，即便留下證據，也是拿你沒有辦法，可是你不知道，人間皆有因果報應的厲害，倘若你不懼果報，「舉頭三尺有神明」的定律，應可懲戒你，所謂：一山更有一山高。就算你是神，總還有比你更崇高的神吧……。

發現線索，縮小範圍，事情已呈現白熱化了，石馬你的「好日子」已經不多了，就在時序已進入仲夏，有「同安縣」某村的一位耆老，見多識廣，他提出一個辦法，既然動用「人力」無法緝拿你，哪就改祈求威靈顯赫的「神明」協助，此議果然廣獲村民認同，就在哪一夜，他們齊聚宮廟求助王爺降駕，透過乩童開金口，掐指一算，便知曉這麼久以來，「同安縣」境所發生的莊稼盜食賊，就是石馬你所為，且王爺還道明此賊人，與祂還有淵源，此話一出，眾人莫不陷入五里霧中，不知何意？最後王爺才明示：此石馬的主人為浯島名人陳禎，他在廣東長樂縣任訓導時，恰好他任縣令，雙方曾同僚共事一段時日，後來二人離開人世後，玉帝知曉二人為官清正，造福地方……雙方均被勒封為神。

此次石馬為禍同安，所謂「打狗還須看主人」，必須照會其主才好拿人。石馬的賊星敗露後，同安地界，表面上按兵不動，實則王爺知曉牠吸收日月精華，已修練飛天神力，正面捉拿不太容易啊！所以乃採低調的「鴨子划水」方式，以免打草驚蛇會跑了賊人，這其中王爺亦有另層顧忌，逮獲賊人後，倘若在當地升堂問案，好像有哪麼一點不夠客觀及超然，且若賊人反咬一口誣指，屈打成招，或是官官相護及刻意栽贓等等花招，將有損威名，因此王爺權衡得失，除了照會同屬成神的陳禎外，雙方基於「公平正義」原則，商定不在自己的府衙開堂，地點而是選在「第三地」的浯島後浦城隍廟。

雙方協議定調後，保密工夫可謂到了家，希望來個「抓賊抓贓」，讓賊人無法翻供，所以表面上是平面無波，實則暗潮洶湧。而此時的石馬渾然不知將大禍即將臨頭，哪一夜月色明亮，石馬還是大膽的過界「犯案」、「丑時」時分便返回居所，回來肚子鼓漲，還不忘帶一大捆稻禾苗給石羊吃，殊不知就在此時，王爺的官差已靜候牠多時了！

惟抓人還須抓贓，「禾苗」就是証物，可是禾苗正在石羊之口忘情的大嚼，狡猾的石馬見機不可失，推說一切壞事都是石羊幹地，官差覺得此話有理，唯見石馬肚子鼓漲也有嫌疑，故雙方都被緝拿到城隍廟過堂，城隍爺升堂，驚堂木一拍，「啪」了一大聲，膽小的石羊嚇得羊尿直流，城隍爺見此光景，心中已有數，咸認石羊膽小如此，定不敢犯案作壞，反而使了一招「欲擒故縱」計策，故意說石馬因無證物證明犯案，乃當庭釋放，此時石馬見有人替死，得意忘形，一出衙門，便施展「蹬足飛天」神功，殊不知石羊無此神力，豈能過海出界，牠這一飛馬上露餡，當然馬上被抓回來，石馬為惡，除了被鞭刑三百，更被盛怒的主人陳禎，一掌廢了「神功」並貶為原來的石馬，也幸好有鄉賢的這一掌，否則時至今日，家鄉的莊稼恐怕亦……。

二十五、癡人說「夢」話

「日有所思，夜有所夢，」做夢不分年齡大小，不分男女性別，不分貧富貴賤，人人皆可做夢，夢有好夢、惡夢、奇夢、春夢……任憑高興，任憑想像，祇要睡著了，「周公」的夢鄉大門，隨時將為你開啟，世人皆有一個疑問，睡覺為何叫「夢周公」，不叫夢陳公、夢林公……而百家姓裡哪麼多姓氏，為何獨挑姓「周」的呢？況且中華民族偌大人口，皆自認係「炎黃」子孫，論理睡覺應叫「夢黃公」才成理嘛？

睡覺爭姓氏誰屬，好像有哪麼點無聊，但中國人的天性，就愛比輩份，論大小，如酒桌上愛比酒量深淺高低，職場上愛比收入成就，學歷欄裡愛比公私立某某學校畢業，即便到了頂級博士，還有土洋之分哩！比來比去不過是比哪張紙，輸贏又如何？又不會多長一塊肉，或少一條胳臂，就算事事不如人，矮人一大截，你也可以「使破爛」，反將對手一軍：本人好歹「血壓」、「膽固醇」，比你高吧！在氣勢上起 碼壓過對方，至於顏面能否贏人？筆者就不敢保証囉！

思來想去，睡覺既稱為「夢周公」，而「夢」字，按字義界解釋：指人在睡眠中引起的幻像，叫做夢。又有迷信的人指夢中所見，是未來吉凶的預示。按此推論，終於可找到「睡覺」與「周公」的關係，因為「周公」曾寫了一篇「解夢吉凶書」，書分「神鬼」、「身體人事」、「哀樂打罵」、「衣飾器皿」、「鳥獸魚蟲」、「地理屋宇」、「天文」共七大類，依做夢者所看到的各類情境，來解它的吉或凶，由於「周公」必竟是我們的老祖宗，又是歷史上的偉人，至於書是否是「周公」所寫已不可考，既然冠上「周公」為作者，也難怪數百年來，純樸的浯島鄉人，每逢做夢，喜歡按圖所驥，從中求得迷津的解答。

但若事事問「周公」，事情恐有盲點，答案恐怕也會失真，因為「周公」是古人，離我們何其遙遠啊？兩相對照，不論住居房舍、衣飾穿著，使用交通工具等等，均有所不同，故若全盤照書中解讀，必有謬誤，且書中解迷，經常採用倒置相反來解釋吉凶，敘述事務過於武斷……總之雙方時空距離遙遠，若以輕鬆，不必太認真的態度來看待，則吉凶禍福自在人心矣！套句「信者恆信，不信者恆不信！」的老話，事情有哪麼嚴重嗎？不過是個夢嘛！

以下摘錄幾則「周公」解夢吉凶，供鄉人參考：

（一）身體人事類：

夢見「齒自落者父母凶」。牙齒自落泰半於幼童時期，稱為「換牙」，若按此解釋，幼童三不五時落齒一回，試想再多的父母親也不夠死。

夢見「食生肉凶熟肉吉」。按此說法「日式」料理店，早就關門大吉囉！

夢見「妻有孕妻有私情」。老婆有孕本為好事一樁，她懷孕了你還懷疑她偷人，天底下偉大的孕婦媽媽，若看到此則夢解，不氣炸，老公也會被海扁。

夢見「婦人赤身主大吉」。此解來人若非偷窺狂，必是色情狂。

夢見「食一切菜者凶至」。現今推廣多吃菜少吃肉的觀念，此解既無健康概念，對「出家人」也是不公平矣！

夢見「食犬肉主有爭訟」。若按此解「廣東人」官司打不完矣！

夢見「自身見血流大吉」。此解若非自殘便是有被虐待狂。

（二）哀樂打罵類：

夢見「殺豬大吉殺羊凶」。此解是否說羊肉不可食，或是刻意跟「回教徒」過不去呢？

夢見「夫妻相罵主病患」。唉！哪對夫妻不吵架……。

夢見「兄弟相打大吉」。此解破壞兄弟感情，有違「孔融讓梨」精神。

夢見「持刀自殺者大吉」。此解有鼓勵教唆他人作危險動作之嫌。

夢見「與人相罵者主吉」。此解僅適用國會殿堂哪些諸公們。

（三）衣飾器皿類：

夢見「船行如飛主富貴」。所謂「十次車禍九次快」。唉！也難怪！當時沒有車嘛，不識飆車的危險，尚可原諒。

夢見「身臥船中主有凶」。此解我看開船的船夫，都得轉行才可避災。

夢見「拾得錢物皆大吉」。拾金不昧都不懂？教壞小孩子，此解兒童不宜，應打馬賽克。

夢見「著新袍主添妻妾」。有破壞他人家庭和諧之嫌，當老公者僅能穿舊衣服，否則老婆將會懷疑你準備討小老婆。

（四）地理屋宇類：

夢見「道中得財主通達」。侵佔他人財物，小心警察抓你喔！

夢見「火燒山野大顯達」。煽惑他人縱火，罪不可輕啊？

夢見「與人分花主分散」。情人互送鮮花表心意，可為戀情加分，你卻唱反調，小心花農扁你！

夢見「門自開妻有私情」。此解對百貨公司上班的男士們，情何以堪，難道他們的老婆都會偷人？

夢見「火燒自屋主興旺」。會燒自己房子，此人不是白癡便是呆子，正常人是不會上你「周公」的當地！

肆：民情采風

一、喜宴（一）三日嘸火薰

民國四十年初，浯島金門的鄉下，雙落大厝的燕尾依然挺立翹首，想必這戶人家係官宦後代，由於祖公「致蔭」幫助，大厝在村內才顯得突出氣派，觀其高人一等的煙囪，排放出暮白的炊煙，想必「大鼎」內正煮著一道道珍饌美食，正恍神冥想猛吞嚥口水之際，一切美好想法瞬間，被大厝的女主人「瓊花嫂仔」，拉高嗓門，以高八度的噢兒聲中吵醒：「甘樂仔」，汝咧夭壽死囝啊！日暗啊，𣍐曉轉來食糜，等乀恁爸那轉，汝著知死！

話語中提到「呷糜」，想必「甘樂仔」他們晚餐中，有珍貴的「米」可以食用，不由得好奇心的驅使，躡手躡腳的進入大厝一探究竟，後廳堂的飯桌上，果真擺放一個大大的「糜碓」，還在冒著陣陣的白煙，伸手掀開鍋蓋一看，什麼「呷糜」，根本連米粒也沒瞧見半粒，整鍋除了甘藷塊，還摻雜發黑點的甘藷簽，難怪「甘樂仔」人如其名，若「甘樂」般的瘦小，一張臉始終「青筍筍」，體格更是「一層皮繃一層骨」，此等景相，令人鼻酸不忍，到底是「瓊花嫂仔」，狠心故意「苦毒」「甘樂仔」，還是另有隱情呢？答案其實不難解，簡單一句，就是生活困頓，家家戶戶普遍「嘸通呷」，村中當然也有例外的「口灶」，他們三頓豐盛，全然依靠「番屏」的族親「寄鐳」（僑匯）致蔭所致，一般家戶之三頓，當然是「賺無路、食無步」，為了苟活性命，祇好「儉腸」兼「勒肚」的份囉！

至於「瓊花嫂仔」的作為，若給予「說三道四」的評論，除了有失公允，更是對當年普遍過苦日子的我們父老兄姊的鄙視與不尊重，我所瞭解的「瓊花嫂仔」，勤儉德性好，侍奉公婆可謂「頓頓燒」，與富貴人家唯一區別的是，人食珍饈我食甘薯湯，每日上桌前，必先用「爪籬」（濾湯的勺子）先撈三碗較無湯水的甘薯塊備用，其中二碗係敬奉公婆，剩餘一碗係留待在外奔波操勞、辛勤工作的男主人返家食用，而其本身更不敢立即上桌添碗，必須等到「甘樂仔」他們那陣囝仔細子，食飽喝足，「瓊花嫂仔」才能湯水裹腹，所以「瘦B巴」不是「甘樂仔」獨有專利，伊老母嘛係「同款」，黑乾瘦兼「四隻五骨」。

若問物慾充足可改善體格發展，答案應無人敢反對，當年彼岸的「阿共」老大，說我們啃樹皮及呷香蕉皮，雖然扯了一點，但有部份確實命中我們艱苦「嘸通呷」的要害！若以當年村人的體格來言，尖瘦竹竿型佔絕對多數，若有肥胖好看頭的村人，必是鄰里欽羨仰慕的對象，例如隔壁村人稱「大肥××仔」，就是明顯的典型代表，他的為人和善勤快，每日總是笑臉盈人，有如彌勒佛翻版，因此靠著肥胖的體格優勢，果然高票當選村長。當年彼岸奚落我們吃不好，倘若我們的金防部或縣政府的高官，有顆聰明敏銳的政治頭腦，聘請我們胖村長作文宣封面，將宣傳品打到彼岸大陸，斯時胖村長必然成為台澎金馬，最具說服力的「營養」代表，並且可讓譏笑我們的老共，啞口無言，立即閉嘴。

而浯島金門於民國四十幾年，當真日日「嘸油嘸葷」嗎？其實也未必，祇要臨逢村內有「大世事」（意為婚喪喜事耗費龐大的金錢及人力操辦的大事）之「喜宴」，由於場面浩大，非當事主可獨力完成，加上時局艱困，物力維艱，舉凡好的壞的「大世事」，莫不全村出動，相互添手協助，充份反映浯島民風純厚，遇有重大事件，無不互為依存，鼎力相挺到底。

說到這裡看倌心裡定有疑惑？當年既然日子艱難，三頓多食不飽腹，何來舖張的喜宴場面呢，對此筆者作一解釋，浯島先民自古便有一人生共同的奮鬥目標，即「飼大牛」、「起大厝」、「娶新婦」的三件大事，每件大事莫不環環相扣，循序漸進的追求，如畜養牛隻可為墾荒犁田，帶來五穀豐收，溫飽三餐，待事業穩定，經濟改善後，會考量蓋一棟棲身之所，此時若有「番屏客」的族人奧援，「起大厝」的夢想即可能成真，若無外力協助，自力完成「一落二櫸頭」的房子，也足堪告慰祖先了。

接著「娶新婦」，更是重點中的重點，為兒子操辦婚事，為父母者共通的責任與心願，所盼望及考量的是，開枝散葉，延續家族香火，一旦二老百年歸天，最起碼的舉旛捧斗，後繼有人，見祖宗嘛有面子「娶新婦」，那是他們咸認的神聖義務，不容減損輕忽，即使平日三頓「儉腸勒肚」，在「大世事」的喜宴桌上，也要豐盛烹派，讓村內鄰人「三日嘸火薰」（意為眾人沾喜宴口福，三日不用起灶升火）。

二、喜宴（二）刣豬兼倒羊

村內戰鬥警員「番面仔」，面惡心善，經族中「老大」一番好嘴央求，果真信守諾言，晚上「自動」藉外宿名義離村，避開一場「公權力」執行與否的尷尬場面，是「番面仔」擅離崗位，故意徇私放水？依我看皆非原因，應是「番面仔」同為浯島子民，亦看不慣戒嚴軍管，因賭爛當局所衍生的消極抵制罷了！

入夜村內，由耆老「狗叔公」拉開海口人的大嗓門，發落喜宴的分派工作。主人係守寡二十幾年，苦盡甘來的「金花嫂仔」，欲為遺腹單傳的後生，土名叫「布丟仔」，娶一房媳婦，聽說新娘子是「過東」（泛指金門的東面）那邊的人，與「金花嫂仔」有表親的淵源，但據馬路消息：女方父母「勾針釘又密密縫」（意為行事龜毛不易妥協），為了促成這門親事，祇好請出本村鎮村之寶，泛職業媒婆「珠花嬸仔」出馬，來回走了三趟，可謂「有嘴講到嘸爛」，最後女方那邊才勉強答應。

惟條件是聘金台幣六萬六仟元，金飾另計，外加男方需供給二頭毛豬作「擔肉」之用，女方條件嚴苛，以當年幣值猶如天價，好在「金花嫂仔」平日勤儉持家，在村內經營一間「店仔」，兼洗阿兵哥的軍服，生意尚稱暢旺，否則換作別「口灶」誰有此能耐。

話說「狗叔公」發落工作，叫「尿桶火仔」到隔壁村，聘請精於「刣豬倒羊」的「黑士叔仔」，喚其備妥「家司」以便今晚行事，時間約凌晨二點，「黑士叔仔」依約前來，由「金花嫂仔」引領眾人至其圈養豬隻的「豬砌」，選定五頭準備倒大楣的成豬，斯時「黑士叔仔」職業敏感度過人，深怕私宰過程，嚎叫聲會驚動戰鬥警員，或海防駐軍的關注，經「狗叔公」示意「番面仔」的關節已打通，早已離村回家外宿囉！

然「細膩嘸蝕本」，刣豬的場地還是選在離村較遠的「牛砌間」進行，宰殺過程順利，全仰仗「黑士叔仔」俐落的刀法，及村人分工合作的幫忙協助，故在太陽尚未升起之際，三頭喜宴自用及二頭女方「擔肉」的豬公，全部處理完成，為「金花嫂仔」省下一筆蓋關報稅的費用。

清晨全體協助喜宴的村人，享用甫宰殺備用的豬腸、豬血、摻海蚵的麵線糊作早餐後，分派到擔水的「散仙坎仔」，及「粿印進仔」，擔起自己家的水桶，以幾近跑步的速度，往「長仔兜」的那口老古井進發，為何形色如此匆忙呢？嘸講恁嘸知，原來那口古井係祖公地所開挖，年代久遠，何人所挖已不可考，古井老雖老「出泉量」卻足以供給全村日常的用水，惟好景不常。

自民國三十八年國軍部隊進駐村郊後，與村民爭水，老古井的「出泉」入不敷出，已無法供應村民日常所需，因此若要取得充足的用水，「腳手」一定要比軍隊快，「狗叔公仔」之所以挑選「散仙坎仔」和「粿印進仔」負責擔水任務，主要是看重二人腳健、力頭飽、狗公腰兼有擋頭，果真彼二人不負眾望，趕在古井出泉盈滿時刻，攏手將泉水挑擔殆盡！聽說事後連部駐軍的「北貢」班長，因無水可用，接連破口長串的「媽哩×嗶」，嗶了很久、很久，祇差「禍首」「散仙坎仔」和「粿印進仔」嘸聽著，否則以二人的脾氣，必定回敬一句：「死北貢」，若膾爽，來咬我啊！

接著村內分配到劈柴的「溫叔公仔」，歲頭雖一大把，氣力絕不輸少年家，尤其掄起沈重的斧頭過頂，對準豎立的柴塊，喝斥一聲，絕對是一劈二半，鮮少看他再出第二斧，因此精彩過程，經常圍繞一群囝仔的駐足，此時「溫叔公仔」，深怕柴塊亂飛，不小心傷及囝仔，必然出嘴警告：「緊散啦，囝仔人，看人呷肉，嘸通看人劈柴」。

分派搭布帆的「雞目仔」、「芒冬仔」，及加椎（斑鳩）等眾人，立即至本村的宮內「息仔寺」，搬運所需用品，其中抬移成疊的「八仙桌」及「椅條」是追加的工作，難怪「雞目仔」似有不甘，一隻嘴「碎碎唸」，此時不耐煩的「加椎」出口：「哇咧訐，搬著搬，汝係地唸啥肖！」

至於分派到商借碗盤的「扁頭仔」、「耀松」、「水池」等三人，任務非等閒般的吃重，備妥手推車後，還要舖上數層厚厚布袋作底，以防碗盤破損散失，彼等出發，由遠程「下面」（泛指金門南方）之「後浦」商借起，租借的商家泰半為「菜館」（昔日餐廳、飯店尚未普及），過程中必須立字據，點交數量，先付訂金，言明天數等等，十分麻煩，待一切碗盤備齊後，依然要「步輦」（徒步走）推車回家，其中由於商家菜館互異，故碗盤規格大小不一，形成當年鄉下喜宴的一大特色，緊接著喜宴開席宴客之重頭戲，即將開鑼啦，偌大的親朋故舊，散居五湖四海，若無動用載運的交通工具，如何能成事……。

三、喜宴（三）母舅坐大位

萬事齊備，祇欠東風，盛大婚宴場面即將就緒，就差大型的載運工具來搭載人客，此時發落「大世事」的「狗叔公仔」，見透早看好迎親時辰，雇請「添丁」和「進財」二兄弟的「包車」（計程車）早已在曬穀場候著，媒婆「珠花嬸仔」，頭插紅花，臉擦白粉抹得實在很徹底，一旁的「溫叔公仔」竊竊私語：訐「埱仔日」（今日）係單號，阿共仔打損，螻殼（指白粉）呣免填甲厚，「珠花仔」實在有夠「花螺」（意指花痴）。旁邊的伊某「溫嬸婆」見狀，深怕其失言惹禍，趕緊出言制止：膨肚短命，惦惦啦！

迎親時辰已到，「布丟仔」頭一擺做新郎，穿著不太合身的西裝，二手不知道怎麼擺放，惟滿臉喜孜孜的笑容，雖然有些僵硬，猜想應是歡喜兼緊張之故。「嘩」聲囉！「狗叔公仔」大嗓門催促：緊就車喔！若嘸驚誤著轉來拜祖的時辰。彼等才依序上車往「過東」出發迎親。斯時負責張羅商借大型交通工具的「振發仔」來報：村公所那邊「大肥」村長，已向師部借到二輛大卡車，及一輛「官長仔車」，提供載「人客」及請母舅之用。「狗叔公仔」見大勢底定，才露出滿口金牙的笑容。

接著便是分派叫人客的任務，一下子爭先恐後，很多人相爭，想要隨車前往，原因是多數村人，打從出世均未坐過軍用大卡車，想藉機過過乾癮之故，惟也有例外，就是那輛準備請母舅的「官長仔車」，卻乏人問津，其中的原因是村人皆明白，「人客好叫，母舅難請」的道理，且風聞「金花嫂仔」伊小弟「景成」，人稱「風龜成仔」，為人「浮肖」兼「大逸（皆驕蠻傲氣之意）」，此番又升格為「母舅」，踩馬糞，吹官氣的「做大」心態，勢將不可一世，難怪村人不敢去擔此任務。

最後祇好由「狗叔公仔」發落仲裁：由「坤和」及「坤發」二堂兄弟，選中「肥缺」，負責隨大卡車去叫人客，理由是二兄弟長相好，說話得體，識禮數，又先後在小學及初中當工友，沾染文人氣習之故。至於請母舅的任務，指定「忠禮仔」，考量的原因是任職於防衛部的雇員，有服侍官長經驗，為人精工幹練，「抹壁雙屏光」，由他去請母舅「穩妥當」。

待事告一段落後，站立一旁的「雞目仔」，不禁好奇向「狗叔公仔」發問：「母舅嘛係人，歲頭又不比人大，為何要對他如此禮遇呢」？「憨雞」啊！汝囝仔人，「膾曉膾一」，俗話說：「天頂天公，地下母舅公」。舉凡婚事母舅最大，且要坐喜宴的「大位」，母舅未到喜宴不得「開桌」（上菜），所以大費週章派車請母舅，道理於此。

若扯到題外的喪事，原本喜事不該犯忌，談不吉利的話，但為教汝這「哮呆孫」，祇好開禁照實說了：「喪事」，也是娘家那邊最大，所謂：「死爸扛去埋，死母要等外家來」。若問這是誰訂的規章，應是古老封建社會，婦人地位低賤，為了要給予適度的彌補，故在婚喪「大世事」中，特別給予補償及禮遇，以取得平衡，化解反彈情緒。

接近中午時分，迎親隊伍返回，鞭炮聲四起，新娘在媒婆攙扶引領入內堂，模樣可愛的男女花童，似乎不太配合，照樣在旁嘻鬧著，接續的冗長敬神拜祖的儀式，才要登場，且一連數拜，四處都要拜，拜得新娘子暈頭轉向，拜得「布丟仔」新郎，臉上擠不出一絲笑容，拜到站立二旁的花童又哭又叫。

這邊的載人客的大卡車，陸續搭載著滿得不能再滿的人客，抵達村內的曬穀場，人客衣服光鮮亮麗，惟共通的特徵是每個人的頭髮，被風吹得東倒西歪。「狗叔公仔」發話引領客人，準備喜宴開桌囉！交代捧菜的「雞目仔」，切記最起碼上第三道菜以後，才可以點燃鞭炮，否則好像趕人客「驚人呷」就失禮數，待炮聲響起，「狗叔公仔」知曉喜宴過程順利，心中大石頭才放下，隨手點燃一支新樂園的香煙，露出滿意的笑容。下午三點鐘中午請外客的喜宴結束，負責「按奈」母舅的「忠禮仔」，接待得宜，母舅「風龜成仔」並未「駛性地」充老大，真是「好加再」。

晚上宴請村內「親同」厝邊的壓軸喜宴正要登場，由於有別午宴的外客在場，大家卸下矜持武裝，準備在豐盛的酒肆佳餚中大幹一場，六點三十分預先準備的「棒燈」一盞盞的亮起，「狗叔公仔」拉大嗓門：大家有位就坐，攏係該己，嘸別人，儘量呷、儘量飲，開桌囉！大夥辛苦二、三天，好不容易盼到豈能放過，況且午宴「最大」的母舅已離去，酒桌嘸大細、赤足蹲坐「椅條」卡自然，正廳堂新娘桌的「布丟仔」開口便說：安娘我中午攏嘸呷嘸飲，現在咁乀駛大呷大飲否！憨囝啊：呷乀駛，飲呣通啦！一旁的媒婆「珠花嬸仔」應聲：呣通飲燒酒，若係酒醉，下昉　做細頭著害喔！「狗叔公仔」亦強調：「燒糜損菜，水新娘損子婿」！愛保重啊！大夥聞聲莫不捧腹大笑，祇差沒有將口中酒菜噴出……。

四、祖公坐墓牌，好膽汝嘜來！

「樹欲靜而風不止，子欲養而親不在」，道盡多少子女，於父母健在時，不知反哺盡孝，等到二老離世歸天時，才驚覺親恩的偉大，空留遺憾悔恨，但一切都來不及啦！這時刻想要追尋父母生前的片段，除了看看祖厝公廳，那張放大數倍的遺照，還有一處探訪親恩的場所，那是村郊田埂邊的荒涼墓塚，還是排列整齊，美化又現代的公共墓園，還是鎮日播放梵音，配置管理人員看守的靈骨塔，答案都是，都是先人的最終的安息長眠地，不同的是輩序的排列，及陽世送終者的差別。

往生的先人多半不會自挑長眠住所，更不會計較，也無從計較安息的環境，是富麗堂皇，是荒涼破敗，是雜草叢生，這些景象的不同，全在於活著的人，而且這個人是長有一顆孝思感恩的人，如同每年二十四節氣中，都會有「清明」，那個月份是孝思，是緬懷親恩的節日，更是浯島俗稱「掛墓紙」的日子，僅有一天，而且是極富彈性空間的一天，不論前後，十日前、十日後皆適合，這是先人留給在外遊子，因路程遙遠「方便」返鄉的彈性。

若將時間倒轉回明末清初，甚至民國初期，有「僑鄉」稱號的浯島，有多少先民「落番屏」賺食，有多少厝邊的長輩遠渡台灣打拚，當年祇要清明節一到，即使異地千山阻隔，黑水溝的天險，加上時局混亂，船渡隨時要提防「同安」大海盜蔡牽等股匪的劫掠，使得險阻重重的歸鄉路，更加艱辛難行，惟故土家園的老祖宗，靈光穿透心房的聲聲呼喚，觸動遊子的思鄉情緒，不由自主的熱淚盈眶、鼻頭間陣陣酸楚，內心吶喊著：「故鄉的俺爸與安娘，『腐薹墓』塚的俺公與俺祖，恁子欲轉來囉！

恁這「番屏」新婦嘛欲轉來，轉來甲恁叩頭兼「掛紙」，請恁愛保庇，保庇一路『坐船渡槳』順遂平安」！而故鄉燕子銜泥築巢的清明節，早年的遊子旅人，為何唔驚艱難危險，拚死拚活也要回來「掛墓紙」呢？原來是那顆看不到心在作祟，原來是雙落古厝廳堂，那幅先賢古訓在作祟，上面寫著：「水之流長不得無源，木之長盛不得無根，人之興旺不得無祖……是以祖之榮盛得有所依」。

心中暗想區區一張泛黃，字跡又潦草的祖訓，真有那麼大的影響力，答案很平實、很自然，他們的內心世界，有一股超強的反哺親恩張力，感念「掛墓紙」乃是至榮至孝，緬懷祖宗恩澤，更是感念父母繁衍之功德，另一層意涵係藉由「行動」，為後輩子孫樹立好的典範。

因人世間的淒涼悲苦，莫過於老來孤苦無依、孑然孤單，縱使日子再怎麼窮困難挨，若有後代承歡繞膝，一切困頓泰半皆能化苦為甘，再則浯島金門自古便有「海濱鄒魯」美譽，深受「紫陽過化」恩澤，先輩們均自詡不可辱沒，上一輩因環境不佳失學，不要後代承擔，故「儉腸勒肚」也要後輩上學，所冀望的即使無顯赫功名，也要子孫們「知恩報本」，有用於鄰里社會，這是先輩們腹內的心聲，更是他們「行動」的內涵。

反觀現代的時局是昌明進步，日常衣食住行娛樂，與昔日社會天差地別，雖說進步所帶來的文明是好的，然鎮日享受文明的果實，那顆感恩的心卻不見了，大人們追逐金錢遊戲、不停息的累積財富，享受物慾，小孩們沈迷電玩網咖，追逐新潮，仿效的是日韓流行，更要命的是父母疏於管教，或過度的物慾溺愛縱容，造成飆車、吸毒、搶劫、殺人等犯罪事件層出不窮，這些怵目驚心的現代社會現象，是誰造成的，是進步的環境？是學校教育的失敗？還是家庭父母的失職？答案應該是「以上皆是」，都應負起責任。

而我們固有的優良傳統，當真經不起現代社會考驗嗎？「孝順」、「尊長」、「善良」、

「感恩」……這些良善的行為典範，真的被遺棄了嗎？個人絕不以為然，更無法苟同，認為祇要將那顆心找回來，那顆「百善孝為先」的真心，若能重新復位，則明天的社會必然恢復「彩色」的，而實踐推動「孝心」，就從清明節，那個孝思與感恩的日子做起。

倘若一再牽拖事忙，沒有時間，或編那個墓園屬陰地，運勢不濟，不宜卡陰犯煞作藉口，那就不合情理，因按節氣中的「清明」：斗指丁為「清明」，時萬物潔顯，氣清景明，萬物皆齊，故名也。意思是大地潔淨，一切行事皆宜，上墳「掛墓紙」當然適合，且家鄉有一則古老的傳說，大意是：「清明節你我往生作佛的祖公先輩，均會坐在他的「墓牌」上，端詳等候陽世間的子孫後輩，前往上墳掛紙祭拜，享用所準備的供品，並瞪大眼睛細數何人沒有到場」。試問好膽「汝嘜來」！有種試看嘜！

五、長輩放輕鬆

浯島俗諺俚語，可謂博大及包羅萬象，昔日傳統農業社會，入「孔子公」門讀冊，並非易事，所幸祖輩先人留下珍貴的遺產，經由代代的祖先，用腦袋的記憶，嘴巴的傳承，才得以把歷史的智慧結晶，收錄保存下來，也因為「口頭」的傳遞，歷經時間的更迭變遷，導致俗諺本身或多或少、呈現誇張、托大、矯情的另番風貌，其中又添加封建社會，重男輕女的性別歧視氛圍，除了在俗諺中，有偏重的凸顯，且因為鄉人識字不易，又將俗諺奉為金科玉律，衍生錯誤的解讀，使得原本恩愛的夫妻，在人前人後，他們的「肢體」及「語言」，即有言行不一的呈現。

例如昔日的鄉下，夫婦走路進城，多數不敢手牽手，深怕鄰里外人「異樣」的眼光，更誇張的是還有夫婦貫徹一句俗諺，堅持所謂：「大路通天，一人一邊」，真不知道他們在怕什麼？想什麼？除了扭曲了夫婦「牽手」過一生的真諦，難道封建體系的世俗眼光，真如洪水猛獸般的可怕？應該不至於吧，唯一可以解釋的是，如同四、五〇年代，國民小學的小朋友，男生女生不敢手牽手，深怕旁人誤會「男生愛女生」，或被栽贓某某人跟某某人「戀愛乎」！這種景象除了好玩可笑，應視為早年浯島獨有的特色吧！

另外夫婦之間，相互的稱謂語言，亦獨樹一格，例如夫在人前稱呼妻，好聽的稱：「阮家內」、「阮煮飯ㄟ」、「阮鬥陣ㄟ」，佔多數且難聽的稱呼：「阮柴耙」、「阮破狸」、「阮尿桶」、「阮粗桶」，而妻對夫的稱呼，倘若來人係老師或較具社會地位人士，則稱：「阮頭家」、「阮先生」、「阮尪」，若是其他來人，妻對夫的稱謂，超難聽的指數亦不遑多讓，概是平日被歧視欺壓的反撲，稱「阮老斬頭」、「阮膨肚短命」、「阮墓孔鳥」（戴勝鳥）、「阮老猴」、「阮孝男面仔」、且還要冠上「這隻」、「彼隻」才能渲洩不滿情緒。

此等相互醜化吐槽的稱謂，外人往往不知箇中玄妙，誤認為夫婦感情不睦，其實鄉下夫妻多數感情恩愛，從他們以具體的「行動」，一年生一胎「努力」打拚生小孩，直到一打的到來，還不罷休，若說感情不好，打乎死，阮嘟唔相信！

再談俗諺有諸多偏重性別的歧視，例如：「寧願看好生尻瘡，嘸嘸願看祖子ㄟ面」，意思是好生自己的，祖子養大嫁人，係別人的，兒子是寶、女兒是草，真搞不懂同樣是母親懷胎十月所生，女兒的面皮還不如兒子的尻瘡，唯一可以解釋的是：喔！當年的尻瘡是「香」的。「娶新婦滿廳紅、嫁祖子厝內空」，咁有影？一進一出，有何差別，倘若兒子不孝，或娶進一位缺乏婦德的新婦，不相信二老的三餐還「頓頓燒」否？

依我看「趴下才不會中槍」哪，若是嫁出去的女兒賢孝，賺到半子女婿亦貼心，那個時候，不信「祖子賊」或「潑出去的水」，如此傷人的言詞還能講出口。「好歹魚一部青，好歹查某愛ㄟ生」，魚兒不論大小，新鮮都好，眾所皆知，然娶進門的老婆，會不會生，責任都在女方嗎？男方都沒有丁點責任，還是當年的男丁，個個「彈」無虛發，絕無一「顆」空包彈，你相信嗎？

嘿嘿嘿！「豬唔大，大到狗」，形容兒子養得「瘦比巴」，女兒卻長得「肥嫩嫩」，怪誰？該怪兒子消化不良，吸收不好，且日常好像兒子先上桌，「好料」的優先嚐，佔盡了優勢，還要怪？啊嘜牽拖啦！且將女兒比喻成狗，好像有那麼一點傷人呼！

「種到歹田望後冬，娶到歹某一世人」，及「歹歹尪，食未空」，二句俗諺之目標針對婦女，前者形容討到不好的老婆、老公將辛苦一輩子，話雖不錯，然角色若互換，由男的扮演壞人，結果是否異曲同工呢？

接著下一句俗諺，形容很壞很沒出息的老公，亦無需擔憂日子，照樣衣食無缺，你相信否？若是老公好賭，鎮日游手好閒，即便家有金山銀山，不知結局是否還吃食不盡。啊！如此高深諺語，抓破頭嘛係攏想嘸呢！最後聊一些帶有一點迷信，又有些許誇張托大的俗諺：「過火餔、飼豬卡大牛」，當真起個火堆，抓小豬仔懸空燻二下，將來便成長得比牛還大，你相信嗎？你看過豬比牛大嗎？

除非現今台灣酬神做醮所比賽的「大神豬」，才有些許的可能，以當年浯島物資條件普遍缺乏，咁有可能？「呷鹽卡贏汝呷米、過橋卡贏汝走路」，若果真吃鹽比別人吃米多，那麼多鹽巴下肚，當真不怕被鹹死，而世界上當真有「橋」比「路」長，信否？

明知諺語旨在引喻「倚老賣老、自以為是」，然作此比喻未免「勢謗」兼「獤猘」，不知看倌有否同感，總之「好歹粿嘛一部甜」，再怎麼誇張、矯枉、性別歧視，都是我們過往的文化一環，冀盼長輩以「輕鬆」及不失幽默的心情來看待接納之，莫怪是幸！

六、風箏追想曲

民國五十年初期，二岸兄弟不因「八二三」砲戰方歇，也不休息喘口氣、吃個包子，或喝杯茶，平復一下鬩牆翻臉的代價，反而均死要面子，來個不成文的默契，入夜你單我雙的互轟幾發砲，宣洩內心的不滿；唉！真搞不懂，單雙號的隔海砲轟，裝載著雖說是宣傳單，然子彈都不長眼睛，何況是鋼鐵砲彈呢？

自家兄弟不論誰倒楣，被砲彈打死都不好，否則全死了，清明節由何人向祖先上墳掃墓掛紙……唉！真搞不懂，那麼大白天總該降火氣，讓各行各業正常工作，正常起居生活了罷，然你肯我才不依呢！放著漫漫白晝，不來個隔空「嗆聲」叫陣一番，實在可惜，張開你的大喇叭，叫嚷著：「國民黨軍官兵們、金門同胞們，現在廣播：蔣邦集團又偷捉了你家一隻雞，或二隻鴨……」唉！真箇「雞同鴨講」，聽攏嘸呢！

這個時候的我方，豈能示弱，馬山「關廁所」的擴音器，扭開最大的音量，哦—抱歉，寫太快，應是「觀測所」啦！嗆二聲回去：「共軍弟兄們，你們家的大人好賭敗家，讓你們新三年，舊三年，縫縫補補又三年……我們這邊人人有新衣穿，頓頓大魚大肉……」此時正在「馬仔墓」犁田的「雞目仔」，實在按捺不住，「訐」聲連連，「中指爺」亂指一通，脫口便是：騙肖ㄟ，呷甲好，恁爸三頓還在食安苡甲麥糊，穿的是美國人援助、麵粉袋做的內褲。

唉！雙方兄弟畫唬爛兼吹牛比賽，又不犯法，更不怕被抓包，倘若不爽，好膽來咬我啊！當年除了「砲轟」傷人命，高分貝「嗆聲」吵死人，均屬野蠻不及人道。

另外尚有一項較不為人知是由大陸順著海水潮流，向金門施放「風箏」，猶如艷麗的彩蝶，在天空飛舞，妝點得金門天空，詩情畫意，而「風箏」的昇起，除了漂亮好看，更意想不到，是廣受居住海邊附近的小朋友歡迎，這其中當然還有不歡迎的人，他們是金防部、政府機關，甚至是學校的老師，彼等不爽的理由，非蝴蝶型狀的風箏，彩繪得不夠精美，刺目在意的是「風箏」的中線，所夾帶著那一坨「宣傳單」。

而鄉下小朋友喜歡「風箏」，不在於欣賞它的漂亮，而是看重「風箏」迎風昇起，牢牢綁住的那一條數千公尺的綿繩，若問綿繩不粗不細，並不適合縫製衣服，或綑綁重物，然小朋友卻視它如珍寶，想盡法子要擁有它，若講一段口訣：「一朴、二慶、三相思、四苦苓、麗仔佛、嘸啥肖路用」。內行人便能知曉小朋友，要它何用了罷，答案是「擲甘樂」，「風箏」綿繩，粗細合度，恰好用來綑甘樂，不論綿質及韌性，均屬上上之選，「嘎」起甘樂來，哼、哼叫，劈得對手哀、哀叫。

然要好東西，除了要具備經驗，更要冒幾分的風險，眾所週知，「風箏」沒有風力的帶動，便飛不起來，彼岸放「風箏」，得飄洋過海，除了海水潮汐的掌控，算準風向更是關鍵，若是由大、小嶝向金門北海岸施放，必定選擇秋、冬季節北風起，一般「風箏」的綿繩，至少二至三千公尺的長度，由於是順海流施放，故最底下的綿繩，必綑綁在一截長約一公尺半的枯木，目的是讓其飄浮於海面上，綿繩中間，綁一坨宣傳單，當「風箏」飄到金門海域時，那一坨傳單，便如天女散花般的散開，而傳單並無定時器，為何能自動散開呢？

這其中的玄奧，若不說破，汝嘛係霧煞煞，原來那一坨傳單，又綑綁一支如小孩手指頭粗的香，點燃香，計算燃燒時間，接近金門海域時，便能燒斷綑綁宣傳單的細繩，讓傳單自動散開，藉風勢飄落在我方的土地上，如此聰明的點子，精準的算計，真令人佩服！

而當風箏接近我方海域時，飄浮水面的枯木，必定會受海浪推波，加快飄流速度，最後撞及海墘礁石，造成回轉的拉力，使懸空飄的「風箏」，順勢掉落地面，此時的定點目標——「風箏」，不用招呼，早已圍攏一大票的小朋友，且默契十足，個個手裡藏著一支「片刀」，隨時準備向「風箏」的綿繩，亮刀下手。

惟關鍵時刻，總會殺出程咬金，那就是守海防的「北貢」班長，及手下的「坎台仔兵」，他們不但要撿拾散落的傳單，更要將小朋友眼中的寶貝「風箏」，連帶綿繩一併收走，此時的小朋友，見到口的肥羊遭人搶走，豈能善罷干休！管他刺刀棍棒，加北貢的嗶嗶聲威嚇，你在前頭撿傳單，恁爸在後面割綿繩，你驅趕我落跑，一場濫仗的爭奪戰，好比猛虎與猴群的對抗，最後的勝利者……免講汝嘛知！

七、懵懂熱狂話少年

人言：呷老有三歹，即「淺眠」、「厚尿」、擱「放嘸屎」。而青春少年兄，亦有三歹，就是「熱狂」、「飫勞」、兼「勢放屎」，人分老少，好壞不同，像老人不好的毛病，因筆者尚未領「老人年金」，所知有限，僅知鄉野對老人家戲稱：「老灰仔，放屎一ㄉㄉ啊」。印證「放嘸屎」應所言不假。

至於少年的毛病輕重，就體會深刻，不敢或忘。其中居三歹之首「熱狂」，更是不吐不快，鄉人稱「熱狂」，指年少輕狂，做事欠考慮，橫衝直撞，猶如「老猴爭墓孔」、「橫柴舉入灶」，這就是年少的德性，加上時局艱苦，各家戶普遍食不足裹腹，成長發育階段，囝仔兄不「飫勞」才怪哩，祇是飢餓的面相，配合「熱狂」的特質，不論捍衛「八肚」，或日常行事「變猴弄」，除了匪夷所思，看倌們可能也想像不到，以下就舉幾則當年的鄉野實例，供讀友們「鼻香」分享：

例（一）：公嬷疼孫仍自然天性，尤其若世代單傳，人丁單薄之家，對男丁降生，不視為

「金孫」來疼，沒人會相信，昔日村內就有一位具「金孫」背景者，名喚「嬰仔」，雖降生在不甚富裕的家庭，惟仗著「二雙腳，多二粒卵葩」的優勢，舉凡吃食先上桌，分餅得雙份，享盡一切公嬤的溺寵，自不在話下，然「嬰仔」猶不知足，有一日竟將算盤打在他家，那隻每早司晨的公雞身上，而雞禍事將至，渾然不知，天剛微亮還很敬業的喔喔啼，啼聲是很宏亮，祇是作最後的哀鳴，明天將提前退休了。

中午時分，「嬰仔」見公嬤在「櫸頭」各據一張躺椅午睡，自忖時機成熟，躡手躡腳地接近「深井」水缸邊的雞籠，左手盛半瓢水作引誘，當公雞的雞脖子伸出籠外喝水，右手火速抓住雞脖子，祇聽「卡嚓」一聲，脖子已遭擰斷，真係「夭壽骨」喔！

待公嬤一覺醒來，「嬰仔」還很鎮定，向二老瞎稱：「咱乀雞去乎兵仔乀狗咬死囉」！並道出本意：「安嬤，阮欲呷雞腿，甲掠來刣」！而二老見「木已成舟」的這一幕，當然不會懷疑自己的「金孫」，竟是殺雞的凶手，在燒滾水拔雞毛的同時，反而輪番咒罵兵仔及他的狗，想想兵仔有時確是鴨霸，但斯時無端受冤屈，嘛係「足衰肖乀」！

例（二）：「戶神」貪甜，眾人皆知，囝仔「飫勞」，更勝一籌，當村外打銅板，發出「

鏘」、「鏘」、「鏘」或是搖起「師公鈴」，發出：「鈴」、「鈴」、「鈴」的聲音，無須告知，囝仔兄便能分辨賣「好呷糖」，及賣「酸枝」的來了，老闆是做開生意，然各家戶的器皿，可就要遭殃了，當家裡「歹銅舊錫」，或撿來的廢棄彈殼，能換的皆換，換完了有些「青面神」兼「白目種」者，竟打家裡完好如新鍋具的主意。

村內「坎面仔」，向來哮呆擱「飫勞」，因受不了村童人手一支「酸枝」的誘惑，竟趁家人不在，將唯一煮食的那只「鈃仔」，取出來換，且怕老闆因新「鈃仔」不肯換，竟自作聰明，掄起一塊石頭，將鍋底砸破混充舊物，結果冰涼甜美的「酸枝」，嘴巴是吃到了，惟下場是屁股，被伊老爸「扁擔刀」，打到開花，三天無法坐椅子，唉！飫鬼「熱狂」的下場，當遭逢此劫。

例（三）：「李小龍」旋風，席捲台灣，金門自無法倖免，惟看電影要錢，故大人可獨享，而囝仔沒錢卻愛看，當然唯有看「白戲」一途，舉凡偷爬牆入內，或趁收票員不備，直衝硬闖，皆是想得到的「步數」，惟同伴中有一位身材瘦小者，名喚「干陽」，每回皆能大搖大擺入內看戲，他除了有過人的機智外，就是臉皮厚不要臉，使出來的點子是，半路認老爸，當大人持票入內時，他就居後緊緊拉住大人的衣角，並對收票員眶稱：「伊係阮老爸」。隨即快速跟入。試問：有那位大人被不認識的囝仔，喊老爸不暗爽在心內，更不會出來拆穿西洋鏡。

而武術電影看多了，總有後遺症，看銀幕上「李小龍」痛扁小日本鬼子，拳拳到肉，發出「啊喳」！「啊喳」！的鬼叫聲，忍不住總會偷學二步，經常在不經意中，遇有老人家經過，會發出「啊喳！」的鬼叫聲，老人家年邁膀胱無力，經常會被驚嚇到「滲尿」，當然被罵：「夭壽死囝仔，失教示」。是常有的事。

而模仿「李小龍」最甚者，是徒手劈磚頭，舉凡鄉內「破厝間」有多餘的「顏只」，或是瓦片，均拿來試試手硬，還是瓦片硬，當手起劈砍的瞬間，非「顏只」應聲斷裂，而是自己發出悽厲的哀叫聲，小手「腫歪歪」的下場，並不會阻止「仿效」的風潮，原由是囝仔「熱狂」加「慢皮」，原由在「李小龍」作這些危險動作時，未發警語：「叔叔是有練過地，小朋友危險動作，不要學喔」！

八、政治誰大？

昔日「台灣錢淹腳目」，今日在台灣，腳目非但沒被錢淹著，淹著的是大水夾帶土石流、淹人、淹地、淹房子，諷刺的是算命仙有言：「水能帶財，遇水則發」。此言根本失準頭，因為「發」的是替人看顧百年老店，吃它、用它、啃光它，再讓他倒閉的哪個人。因為「發」的是張口閉口常言：「啊阮嘟好運選著，嘸汝係欲安怎」的哪個人。因為「發」的是居高位，坐享既得利益，尚不知慈悲恤撫災民，反而行「乞食趕廟公」要人家移民，殊不知汝亦外來人口。

「惡奴欺主」的下場，一句道歉本屬應該，難道「主人」發火，亮刀「出草」是虛晃一招，一句誠意的道歉，難道真難出……，唉！當今的台灣社會，「老的不尊擱獠猾，中的利舌又奸巧，小的無用又下痟」，真應了浯島一句鄉彥：「十個少年，九個下痟，十個老伙仔，九個獠猾。」

看到一幕幕的亂象，食不下嚥，睡不安枕，族群對立，動輒不爽開扁，隨時都要來一塊「

愛台灣」比賽，比比誰是正統，順便查驗誰的血緣純不純正，要不然扣你帽子，說你「賣台」……唉！檯面上諸位偉大的「政治家」們，政治是管理多數人的利益，不是讓你們當導演，坐定太師椅，掌握權柄後，屬我最大，管它票房賣不賣座，因為「搬戲空，看戲憨」，誰叫你們哮呆擱好騙，待下回再選導演時，喊親呼戚，四處認老爸。這招「台灣之子」的步數，夠打動人心，夠激起台灣頭，至台灣尾，全體當「老爸」的共鳴，畢竟伸手不打笑臉人，何況平白賺一個「老爸」來當……。

唉！乎阮暗爽在心裡，那麼導演要選誰呢？這不廢話嘛，誰喊我「老爸」，我就選誰，俗云：「惜花連盆，疼子連孫」。其中哪個「子」字，就是最佳的答案嘛！這就是咱ㄟ政治，這就是咱ㄟ政治家與選民，這其中的「政治家」，可歸類為「專家」，解釋為：專門騙人家。「選民」看似無辜受害者……唉實則又一個字「笨」嘛！學不會精，如同家鄉的「憨牛」、「千嘎(教字)攏嘎襘就咒」(行字)。

筆者睹爛當前的政治，一再以浯島諺語作比喻，外人一定視之族群優越狂，或族群自大狂，內心亦自知：「訐」人者，人恆「訐」之的「公平」定律。然既便汝人多，不爽，一口「嘴涎」淹死人，但金門雖小，卻小而巧、小而美、小而如「辣椒」，隨便一顆「小小」的朝天椒，就辣得汝投降凍未條，汝說誰優？誰大？倘若不信，或認為人「少」欺侮人「多」？哪麼我們師法李敖，讓「證據」來說話，首先從地域論大小，台灣與金門孰大，當然金門大囉！金門屬福建省，台灣與福建相比，「孰大」？再來論歷史，未入正題前先說出金門父老的心聲：「釣魚台」是我們的，不是小日本的。

至於哪位在台灣坐了十二年大位，張口「日語」比台語或國語標準的老先生，連同屬日據時代，受小日本迫害的慰安婦，都不敢仗義執言，難怪會說：釣魚台是日本的……唉！動輒扣人帽子「賣台」，如此這般的行徑，不知是否吻合「賣台」的標準，唉！歷史記載：金門擁有一千六百餘年的歷史，雖僅有一百五十餘平方公里的彈丸小島，竟然一口氣出產了四十三位進士，至於提督、總兵等武將，哪更是族繁不及備載，「海濱鄒魯」的稱號，更非浪得虛名。反觀台灣雖有「寶島」的美譽，昔日創造的經濟奇蹟也是真的，高額的外匯存底也非捏造，這些非凡的成就，不是天上掉下的「禮物」，是昔日辛勤刻苦的百姓，流血流汗所換來的。

鄉諺有云：「三代累積，一代開空」。當真無三年的好光景，眼下的台灣有三高，「坐大位者收入高」、「凡夫俗子失業率高」、「心情苦悶自殺率高」，這「三高」僅是冰山的一角，俯拾皆是，追根究底，造成這般田地的「禍首」是誰？是百姓？是出走的台商？還是皮膚五顏六色的外勞？其實答案清楚明白，祇是多數人不想說，也懶得說，說也沒有用！

因為選舉還是年年辦，操弄族群對立的影武者，還是在背後比手劃腳，族群遭撕裂的舊傷，尚未癒合，新傷又來，互咬內耗持續上演……試問我們的明天當真會更好？若說會！我想原唱者張雨生可能不想死，想還在陽世重出樂壇，若說會！就不會有哪麼多某某人學校，培訓哪麼多「製帽」高手，動輒不爽，送你一頂戴戴，若說會！真箇：「天落紅雨、馬會長角」。這麼多亂搞，這麼多矛盾對立，這麼多經濟倒退……全因幾個人的英明又偉大。說到「大」，金門歷史一千六百年，台灣歷史四百年，誰大？說到大，「開台進士」鄭用錫、「開澎進士」蔡廷蘭，何許人也，哇！很不小心，二者皆是道地的「金門人」，誰大！嘿嘿嘿！

九、騎牛ㄟ大ＬＰ？

政壇哪位退而不休，還在拚老命的李老先生曾說：伊老爸的「ＬＰ」尚大。你信否？若信，應不難理解，政治人物所說的「政治」語言，本來就「信者恆信，不信者恆不信」。筆者就是後者，不但不信，而且是打死我也不會相信，原因相當明顯：「呷老倒縮」乃係至理名言，除非伊老爸構造殊異，越老長越大……咁有這款人？

依我看，若要論大，金門「牛港」的「ＬＰ」尚大。時間回到民國五十年初秋季節，東北季風起，天氣微寒，鄉內村童人手一桶潹水，往「牛碉間」靠攏，作每天例行的幫牛灌潹工作，突然間聽到隔壁「坎忠仔」發出慘叫聲！大夥不由分說，立即前去一探究竟，「布丟仔」先發難：「坎忠」汝係地哭爸！「慶仔」馬上跟進：「坎ㄟ」汝係脫赤腳，踩著牛尿，乎割著嘿。祇見「坎忠仔」臉色鐵青，半天才應聲：訐，阮ㄟ腳去乎牛踩著啦！眾人莫不感同身受，赤腳被牛踩，或踩到牛尿被割傷的錐心劇痛，傷者少說個把禮拜才會復原。

中午時分，初秋的太陽不再熾熱，惟山上牧草枯黃凋萎，已不足讓牛隻果腹，村童們無奈地牽著，日漸消瘦的牛群，綁縛在「宮口」右側的榕樹下，莫不想方設法，為牛港、牛母張羅食糧而發愁，「布丟仔」自作聰明，想要回去「草間」搬土豆藤，還好「慶仔」提醒：土藤是冬天的儲糧，汝唔知死去搬，一定乎恁爸「扁擔刀」損。而向來膽頭十足的「坎忠仔」則提議：去海防部隊的雷區內割草。眾人當真「青瞑仔唔驚槍」。避開鐵流刺網，逕往雷區內挺進，滿地遍佈三叉倒立的「腳踏雷」，惟眾人皆識途老馬，知曉閃避，約莫個把鐘頭，數捆許久不見的青草到手，祇見步出雷區的「坎忠仔」，還在碎碎唸；「訐，恁爸腳痛還要割草，飼牛比奉祀祖公卡硬斗」！

牛群飽餐一頓後，還不知道感恩，「布丟仔」他家哪頭「牛港」，還扯開嗓門：唔嘛！唔嘛！地叫，聲音像極了「不要」、「不要」，果真畜牲就是畜牲，牽到北京，還是不懂禮數，「布丟仔」生氣了，使個眼色，眾人皆默契十足，準備「變猴弄」囉！所謂：「吃飽思淫慾」。「牛港」更是哪付德性，一會兒的工夫「牛鞭」便跑出來一截，祇見「布丟仔」眼明手快，隨手抓起一把砂子，往牛鞭撒去，「牛港」一受驚嚇，想收回「寶器」卻慢了半拍，這時「牛港」兄寶器「蒙塵」，祇有一個字可以形容—「痛」啊！

眾人「變猴弄」奏效，自然樂不可支，惟玩笑若開過頭，是會闖禍地，衹見「牛港」開始跺步，牛鼻開始「放空噴鼻」囉！「坎忠仔」見情勢不對，趕緊盛半桶水，往牛鞭一潑，「蒙塵」的砂土清洗乾淨了，牠老兄也跟著降溫熄火了，想來內心也會有些許自責，牠老兄「起嬲」，與你何干，如此「激骨」，真係夭壽喔！

年兜將近，氣候轉冷，牛的牧草更是枯竭，一清早衹見「慶仔」揹起「牛犁」，牽著哪頭溫馴的母黃牛，準備要上山犁「安茨」，吆喝眾人前往添手幫忙，衹見眾人不是藉「八肚」痛，或是腳傷等理由推辭拒絕，最後「慶仔」使出「撒手鐧」：凡是幫忙者，皆可分得「安茨藤」，餵牛作犒賞。不用說眾人當然一呼百應，人多好辦事，一下子工夫，一坵安茨園，馬上清潔溜溜，「坎忠仔」突然冒了一句：「慶仔」，聽老大　人講「尾牙安茨共家乀」，咁有影！阮會駛分安茨否？「慶仔」很不爽回應：訐，老灰仔攏嘛獶狷講乀，尾牙想分安茨，汝趴下卡熗著槍啦！

北方人是騎馬打仗，我們是騎牛逛田園，眾人趁著焢安茨窯充飢的空檔，「布丟仔」提議：騎牛巡田園，或是騎牛賽跑。他的意見雖好，衹見大夥面有難色，不敢呼應，並非眾人沒「

乞鳥仔」的膽，而是哪句深植人心的魔咒威力強大，眾人不敢犯險，哪句騎牛乀「大ＬＰ」，不知是哪位「好事者」所發明的，就在眾人裹足不前之際，「坎忠仔」卻直言：騎牛乀「大ＬＰ」，我相信，惟若騎母牛會「大ＬＰ」，拍乎死，恁爸嘛嘸相信，因為母牛根本沒有「ＬＰ」，何來會「大ＬＰ」？

眾人見「坎忠仔」分析得有理，開始心動，首要的目標，當然是「慶仔」他家哪頭溫馴的母黃牛，牠也真是倒楣，剛剛才犁過安茨，現在還要給這些「猴死囝仔」創治，而優先騎的當然是牛主「慶仔」，再來便是「布丟仔」，輪到「坎忠仔」時，眾人卻異口同聲喊停，原因是「坎忠仔」，體型過胖，噸位十足，深怕騎上牛背，母牛會「折腰」，到時眾人吃罪非輕，然如此不公的安排，「坎忠仔」豈能干休，硬是騎上背，眾人話果真沒錯，母牛不堪重壓，原本溫馴，卻飆起風來，「坎忠仔」應聲摔下來，不偏不倚，剛好傷到他的「ＬＰ」……轉眼已過四十餘年，大夥兒都兒女成群，証明哪句……會「大ＬＰ」，全是「莊肖維」！

十、在那有耳嘸嘴的年代

昔日的年代，大人們「教示」後生晚輩，經常脫口一句：「囝仔人有耳嘸嘴、有尻川繪放屁」。來喝令小孩子閉嘴，若再多言，五指金龍巴將下去，頂上無毛的西瓜皮，祇會以「啪」聲作回應，在哪個年代惦惦，少應嘴應舌，才會得人疼，因為「囝仔人」，在大人的眼中，根本不識一個芋仔蕃薯。

反觀大人定通博古今，或學問足裝五卡車，這倒也未必，因為充其量，祇不過還是哪句：「呷鹽卡贏汝呷米，過橋卡贏汝走路。」專是唬人的老步數罷了！看倌若不信，翻開鄉俗部份趣味十足的篇章，來考問大人「為什麼」？答案若不是支吾其詞，便是聽人講的啦！

（一）換牙篇：「囝仔人」換牙，本屬生長過程的正常現象，但昔日的小孩子，牙齒掉了，大人總是會叫他將牙齒，按上下齒的不同，丟上眠床頂或床底，且要雙腳併攏站好，如此程序，牙齒才能長好，長得整齊漂亮。倘若經過許久，牙齒仍未長出，換來鄰里一陣：「嘴前嘸齒含卵做生意」的嘲諷訕笑是免不了，大人們更會亮出「撇步」，叫小孩子去「啃牛檞」，姑不論方法是否有效，然叫一個稚齡孩童，去面對龐大的牛隻，若有不慎，實為大人之罪過矣！

（二）碗嘸食乾淨：男生將來會娶「貓某」，女生長大會嫁「貓尪」，恫嚇小孩的本意，旨在灌輸惜物不可浪費，可以理解，然編哪一大套吃飯與痲臉的關連性，似乎過於牽強。若是時下命好的小孩，問他信否？便可印證。

（三）魚刺梗喉：媽媽哪套土方法，是擰住小孩的雙耳，並附上幾句：「咪—咪—咪嘸骨—！此法往往是小孩如梗在喉，已是痛苦難當，再加上雙耳遭擰通紅，雙重的傷害，實在是種折磨，結果魚刺依然插在喉嚨，若有旁觀者在場，所獻的步數亦未見高明，方法就是挾一個煮熟的蕃薯塊，叫小孩用力吞食，企圖借蕃薯塊之力，將魚刺擠入腹中，結果往往是雪上加霜，魚刺受擠壓，越刺越深，倒楣的當然是當年當小孩的你我囉！

（三）「囝仔人」尻川三斗火：昔日的年代，小孩沒有懼寒怕冷的權利，即便日常「飫飢失頓」，黃酸黑乾瘦，也要假裝不怕冷，否則在大人眼中，屁股有三把火護持還懼寒，就是燠少年、破少年，兼嘸路用的腳小，而大人怕冷，好像理所當然，殊不知鄉諺有句：「老骨釘空空、老皮繪過風」。難不成是講假的？還是對照哪句廣告詞：「四十歲的乾埔，祇會出哪張嘴」罷了。

（四）「ＬＰ」文化的崇拜：東洋日本很多宮廟，豎立狀似乾埔人的陽具，當神靈來崇拜，據說舉凡求子心切的婦女，祇要參拜時，摸他幾回來年必然生兒子，而對照浯島鄉俗，竟也不遑多讓，祇是民族性的差異，不敢用手去摸，但我們動起嘴來可不輸人，例如每逢新娘子奉甜茶時，必來段：甜茶飲乎乾、乎汝明年生「ＬＰ」。祇是令人費解，天地間之「陰陽」二極，須相互平衡，我們祇重陽，而不重陰，除了有違性別平權，試問若每家戶都生「ＬＰ」，而不生女兒，將來你我的兒子，可能得面臨娶不到老婆的窘境。

（五）錢鼠叫「番屏」僑匯到：是真是假我也「莫宰羊」，祇是從小聽大人說的，迄今四十幾年已過，還是猜不透真偽，唯一可以解讀的是：「斯斯有二種，一種治感冒，一種治頭痛」，而家鄉老鼠亦有二種，「一種有錢，一種沒錢」，有錢的是好人，沒錢的是壞人，大人們常說「錢鼠」是好人，會送來僑匯，所以不能打，而一般老鼠是壞人，因為牠們沒錢，因為牠們常「過街」，所以「拍乎死」。唉！一樣是鼠輩兩種運，怪祇怪牠們投錯胎，生錯哪個久遠的「僑匯」年代。

（六）「報白」要灌洊水：生老病死乃人生常態，親人往生，對家屬均為錐心之痛，惟擔任通報死訊俗稱「報白」，亦為苦差事，早年不知哪位仁兄，定下如此不人道的規矩：對前來「報白」者，要施予「灌洊」，試想早年生活艱苦，食米不易，「洊水」泰半為大雜燴，可用污穢之水來形容，試想「報白」者交通條件差，徒步「步輦」數十公里，好不容易到達目的地，對他還要來頓「灌洊」的凌遲，我想當事人對此種待遇，必「計」在心裡口難開，所幸近年民智已開，多數已將「灌洊」，改為喝杯高粱酒替代，但想想「報白」者一路下來，無數杯入肚，縱使酒量再佳，亦難免誤事，因此將心比心，莫將「喝酒不開車，開車不喝酒」的口號棄置一邊，才是鄉親們共同的福氣。

十一、業命的年代

一、日子歹過：天剛微亮，村民頂著冷冽的寒風，依然挑著空蠔籃準備下海鏟蠔，鄉耆「通伯仔」，年過八十高齡，依然不服老，搶搭入海的早班車，不同的是，老人家肩揹一只碗公開口大小的「開仔」，拖著不甚俐索的步伐，往哪熟悉的海棚挺進，離開好走的「蠔路」，轉進鬆軟爛泥層時，初時左腳邁出陷入泥沼中，右腳跟進靠前行動力，拔出左腳發出「啵」、「啵」的聲音，狀雖滑稽！

惟旁觀的村民，一反常態，不敢笑出聲來，眾人內心皆湧現一絲酸楚與不捨，原來老人家日前「尻川」頭，才開過刀，病因是終日下海工作，雙腳負重行走，腸子不堪擠壓下墜，為俗稱「凸大腸頭」。剛開始老人家強忍痛楚，照常工作，就是不肯就醫，直到腸墜嚴重，塞不回腹腔時，才在家人及鄰居合力勸說下，勉為其難的就醫，急診掛號前，老人家的健保卡還是A卡，他當真老當益壯，身子硬朗？答案頗令人意外，據看診的花崗石軍醫透露：老人家早已過了退休年齡，身體患有嚴重肺氣腫、血壓、糖尿皆屬不正常，就連向來為人稱道，健步如飛，走路不輸年輕人，都是假象，他骨質疏鬆，膝關節已磨損嚴重，若再惡化，祇有換人工膝關節一途……。

然此番甫挨完刀出院幾天，竟不聽醫生的叮嚀囑咐，還是往海裡鑽，他是「錢鬼」，還是勞碌命？若說愛錢，人人愛！可惜他不是，因為舉凡村內酬神做醮，捐錢作公益，他老人家從不落人後，他強忍病痛，賣命工作是有原因地，「通伯仔」膝下育有八名子女，老大至老六皆為女孩，其中老四、老五因時局艱困，送人做童養媳，其他女兒則早已遠嫁他鄉，概因自顧不暇，所以也無力過問娘家事務，而當年「通伯仔」亦難跳脫生男延續香火的巢臼，故想盡辦法也要生個兒子，給祖宗一個交代，果然皇天不負苦心人，第七胎果真盼到「ＬＰ」，但老天爺好像愛開他玩笑，在兒子七個月時，一次發高燒，竟將頭殼燒壞掉，「通伯仔」當然無語問蒼天，內心怨懟上天的不公，故索性將兒子的綽號取為「憨ＬＰ」，就可看出他的怒氣，然他堅持著「種到歹田望後冬」的韌性與毅力，絕不就此認輸，第八胎，就是第八胎，來的又是「ＬＰ」，而且是「好ＬＰ」！

時年的「通伯仔」已是五十好幾了，他內心的歡喜自不在話下，但仍戒慎恐懼，深怕有所閃失，故乃循鄉俗來保護這粒得來不易的「ＬＰ」，方法是將兒子穿耳洞，並給他取一個不怎麼衛生的綽號，叫做「狗屎仔」，自此應是「通伯仔」方法奏效，「狗屎仔」平安成長，並未受老天爺找麻煩，如今討了個印尼新娘，且生了二男一女，照理說「通伯仔」應可告慰列祖列宗了。然由於「狗屎仔」書讀不多，平日靠建築工地當小工賺錢，近年又碰到不景氣，已賦閒在家二年之久，生活重擔又重回「通伯仔」的手裡……今日起了個大早拖著老命下海，內心有一股渴望，盼望能抓到一尾罕見的「筆串」賣個好價錢……可是「通伯仔」您已八十好幾，慣性的顫抖雙手，怎麼能……唉！

「下沙園腳」哪片海埔防風林，圍攏著五女四男，他們共通的特色是扁擔一支，空米袋二只，女生包頭巾戴斗笠，男生戴不同候選人的選舉帽，他們或躺或坐，就是沒有人站著，他們聲音壓低，講到激動處，又控制不住音量，但若聽到類似摩托車的聲音，會很有默契的禁聲。哪位戴宋楚瑜選舉帽的男生，最呱譟，脫口便道：訐！人講「瘦蟳一窟水，瘦蚶食後腿」。昨天跟「大嶝」哪位「黑豬仔」，買十斤蟳，拿回家一秤，祇剩下七斤重，原來他將綁蟳的草繩，浸泡海水來增加重量，而且哪些蟳「怕碌碌」，拿到沙美街上，賣不出去，害恁爸「了」千餘元，真正係「夭壽骨」。

語畢，戴連戰帽子的男生亦應聲：訐恁老師咧！「黑豬仔」本來嘟「歹料」，前些日子跟他買三十條「三五」香煙，回家拆一包來抽，才知道煙絲摻地瓜葉……訐！阮若唔係「青暝牛」，考不上酒廠工人，也不用來賺這「歹命錢」。女生終於有人參與「答嘴鼓」，她說：三個月前，伊尪做小工，從建築工地摔下，迄今還上著石膏，她的二位兒子在台灣讀書，考不上公立大學，改讀私立學校，一學期註冊費要十幾萬，她若不來海墘做這「小生意」，日子不知怎麼撐……正當眾人你一言、我一語，講到忘神之際，突然有人冒一句：「海巡仔來啊」！現場除了「訐」聲四起，並未見他們落荒而逃，原來他們還未做到買賣！

十二、望鄉路已近

村郊的哪片池塘，原本是養尊處優二群鴨子的天下，陣陣冷冽東北季風起，逼迫村人穿起厚重的寒衣，海的天空，哪群編排人字的外來客，先聲奪人嘎—嘎—嘎聲中，是向村人禮貌性的打招呼，通報冬天已降臨「貴」寶地，還是別有所圖，目光針對那片池塘，也想遷籍入戶，當一個金門人呢？倘若如是想，則不干人的「鳥」事，況且浯島人民，向來好客，不會歧視外來人口，哪股「多人多福氣」的氣量，是當前小撮「劃地自限」的政客，所學不來地。唯一需要顧慮的，須遵守幾項遊戲規則：

1、不準耍老大「乞食趕廟公」，仗著野生孔武有力，就來欺侮弱不禁風的家鴨，要有先來後到的倫理，雙方和平相處，堅持鳥不打鳥，大家都是金門人啦！

2、注意自己「鳥」的身份，不準與「人」搶福利，即便已「遷籍」入戶，及愛鳥協會，國家公園雙重背書，年節配發春酒，還是沒你的份，充其量祇能與家鴨共享「酒糟」的福利。

3、基於愛鳥協會及國家公園，確認你屬「鸊鷉」身份，可以保障你有別於家鴨，年節不受宰殺。

4、但書是「春江水暖」時節，請自重，該搬家就要搬家，否則被人「拆呷落腹」，就怨不得人哪！

鸕鶿南來入籍，帶來冬天腳步，籠罩我門這塊「寶島」，彼岸船班增加，搭載著班班客滿的人潮，莫非又是選舉季節，投票部隊又準備「藍綠」開幹，還是家裡辦喜事，回來吃喜酒。還是第一家庭又生了一個卵笆「金孫」，想要給他PLP，順代沾一下喜氣，答案竟然都不是，原來是要回來過新年地，是啊！過年腳步近，遊子返鄉圍爐、天倫樂，多麼美麗的畫面，但「小三通」開辦已屆四年，他們來來又去去，遇有急難救助，扮演聖誕老公公的是我們的紅十字會，衛生院的白衣天使，及哪台爭取許久才有的直升機。

此番他們是要回家過年，但我們得高粱酒，麵線，菜刀，甚至貢糖銷售量，不知有增加否？問問沙美老街，開店養蚊子得哪位阿伯：生意有卡好嘸，有，有一塊卵哪！汝知影咱金門啥米蜜件增加，是廁所ㄟ屎甲尿啦！原來四年以來，家鄉所扮演得角色，竟然祇是路邊的哪只「尿桶」，使用完我們還要幫他清理，唉！「小三通」真得要倒著念，哇咧……。

外來客的腳步聲，已然震動了我們的年，村口哪片枯黃得的草埔，圍攏了哪麼多雞鴨，正在埋首啄食，少說也有二十來隻，補冬已過許久，牠們竟然倖存下來，不容易啊！牠們的主人是唸阿彌陀佛，不忍殺生？還是暫留活口，準備在過年賣個好價錢？答案竟然是哪位雙手不時顫抖，二腿走路不甚方便的老安嬤，她捨不得吃，是她牙齒不好咬不動？據她兒子說：才怪，假牙一裝，呷老嘴齒擱ㄟ哺土豆咧！她留下哪些雞鴨，心中有一個「央望」，經常舉三柱香，對著公廳的祖先禱念，祈盼已「再見」多年的先人，暗助一把，施展靈顯的法力，讓闊別已久的親人，能回來過年。

「九叔公仔」，一生勞動，練就銅筋鐵骨的身軀，看不出來他已年過八十好幾囉，哪擔浸泡海水蠔擔，少說也有百來斤，迄今還是難不倒他，他生性節儉，一塊錢打二十四個結，不修邊幅是他的專利，披頭散髮是他的造型，若說他沒錢打理門面，哪就小看他囉！村內耆老批評他，錢銀祇進不出，不知留那麼多，難不成要帶去棺材。惟他不以為忤，就是不聽勸，但是，伴隨年的腳步聲，此番他竟然轉性了，一大清早，竟然自動去敲「剃頭黑仔」的店門，他哪麼趕，難不成擔心「尾牙」剃頭要漲價，若是如是想也不為過，但最重要的原因，據說是他哪位剛新婚不久的長孫，要提前帶哪位尚未謀面的孫新婦，回來過年……。

隨著年的腳步聲，各村里公所的擴因器，應跟著調整，不如隔海來個心戰喊話，目標對準臺灣哪些金門遊子，內客為：村公所通報臺灣金門子弟們：厝內的門神「春聯」等汝轉來貼，安公、安嬤乎金孫的紅包錢，準備好了，厝內刣豬倒羊，加上雞鴨魚肉，已經入鍋烹煮了，圍爐的火也準備升起，敬告出外的子弟們，不要再藉口加班，薪水雙倍，不要再以機票難買，候補不上……這些若還是理由，安公、安嬤、安爸、安娘、甚至公廳的祖公……他們都會很傷心，很失望！

十三、大人亂糟糟囝仔愛年兜（上）

「瓊玉仔」從城裡的千金小姐，下嫁我們這個瘦赤著稱的「海墘仔腳」，已屆滿五年了。五年的歲月不算短，想起她剛入門時的「幼秀」細緻，就連燒一壺開水也不會，有一回婆婆叫她煎幾個荷包蛋，孰知她竟然將蛋打入垃圾桶，蛋殼則置入鍋中，若說不小心弄反，情有可原，但她是無三不成禮，接連三粒蛋皆是如此，當然婆婆不忍苛責，誰教她是千金之軀，從小不必料理家務。

如今婆婆辭世，由她接管這個家的擔子，鄰里的三姑六婆，莫不睜大眼，準備看她笑話，但好事的眾人，皆估計錯誤，「瓊玉仔」聲音變粗、嗓門變大，與「海口」人已沒有二樣了，山上農務、海裡插蚵鏟蠔，再也難不倒她，生養了四個小孩，個個都是帶槍的壯丁，隔壁哪位人稱「八珍寶仔」，對她從早期譏諷，到如今的極盡巴結，原因無他，「八珍仔」接連生了七個女兒，村人戲稱「七仙女」，她的夫婿軟弱懼內，且公婆早已仙逝做佛多年，論理應無傳宗接代的壓力，然好強加上難以說服自己的封建思想，就是想要生一個兒子，要不是如今歲數大了，老蚌的身軀再也生不出半粒珍珠，否則夫婿不給她「操死」，也會剩下半條命，如今這隻已然淘汰的蛋雞，竟將主意算計在「瓊玉仔」的身上，目的無非是想要領養她家一個帶槍的兒子。因此送玩具糖果、到買小孩衣服、禮物越送越大，這時「瓊玉仔」亦發覺事情不太對勁，倘若長此下去，終將失去一個兒子，然而事情總該攤牌，就在農曆二十九日，屆臨過新年的前……。

大清早「瓊玉仔」就在家裡清點「八珍寶仔」送給孩子的玩具及衣服，竟有二紙箱之多，由於玩具的聲響，驚醒了正在熟睡的孩子，先是老大知曉他的玩具槍要還人，當然不依，在眠床上嚎啕大哭起來，哭聲如雷，旋即感染了老二、老三、老四，哭聲串聯一氣，簡直快掀了屋頂，最後「瓊玉仔」被吵到沒有辦法，一面祭出過年時，將各買一件他們喜歡的玩具作補償，同時並藉機恫嚇：誰收隔壁的禮物，誰就得去做她家的養子。

此法果然奏效，小蘿蔔頭年齡雖稚嫩，卻知道隔壁「八珍寶仔」，動輒打小孩的厲害，做她家養子，無疑羊入虎口，穩死無生。而「瓊玉仔」擺平了小鬼後，就立即拎著哪二箱禮物前去退還，「八珍仔」見此已知來意，索性先發制人，直接挑明自己沒有兒子，想要收養她家一個小孩的心願，且可以用金錢來彌補，或是二名女兒換她家一個兒子，做為條件，「八珍仔」簡直想兒子想瘋了，小孩又不是物件，可買可換，他們都是父母的心頭肉，「瓊玉仔」當然不可能同意，氣氛鬧僵了，二家為了小孩已然撕破臉，「八珍仔」惱羞成怒，已喪失理智，脫口說道：「明天就是「年兜」，往年「瓊玉仔」她家的雞、鴨、鵝都是她幫忙宰殺，今年她心情「膾爽」，不可能再幫忙殺了！

二家鬧翻了，「八珍仔」已撂下不幫忙宰殺雞鴨，在旁人看來，根本不是什麼大不了的事，但對不敢殺生的「瓊玉仔」她們一家人，就是天大的難題，且明天「年兜」在即，雞、鴨若不預先殺好，除了拜拜牲醴無著，除夕圍爐豐盛的佳餚就遜色囉！想到此「瓊玉仔」不禁開始發愁，惟所謂：萬事起頭難。事情到了火燒屁股。沒辦法也要硬上，祇見「瓊玉仔」抓了一把切菜用的菜刀，拖著沈重的步伐，走向雙落的門口埕，先是望著熟悉的哪只雞籠，心情複雜，心臟卜通、卜通跳，右手雖然緊抓哪把菜刀，但始終就是不敢去掀雞籠門，這時背後突然發出聲音：安娘，汝地米啊台！

「瓊玉仔」被突來的聲音嚇了一大跳，就連菜刀也鬆脫掉到地上，原來是大兒子，好奇前來湊熱鬧，她強忍著驚慌，裝鎮定道：憨子ㄟ，「年兜」到了，安娘欲掠雞來刣！但折騰了半天，還是沒見她動手，正陷入二難之際，突然大兒子發出慘叫聲，原來他著開襠褲，不小心「小鳥」溜出來透透氣，被門口埕四處遊走的一隻鴨子，誤認是蚯蚓，而展開啄食攻擊，試想「小小鳥」尚未長大，是何其脆弱，被攻擊自然悽厲哀嚎，「瓊玉仔」被這一幕怔住了，除了不捨心肝寶貝的「遭遇」，馬上回神檢查受傷程度，所幸僅是破皮紅腫，否則長大將……。

也因為兒子的受創，激發了「瓊玉仔」的哪股怒火，她不再膽怯，她右手撿起菜刀，左手快速抓住哪隻鴨子兇手的脖子，掄起菜刀使勁一劃，當場血濺了她滿臉，驚悚的這一幕，引起雞籠裡的雞群騷動，咯咯顫抖的聲音彷彿在說：好加在，不是我！而尚未斷氣的鴨子，也補了一句：有夠衰，怎麼是我……。

十四、大人亂糟糟囝仔愛年兜（下）

冷冽的寒流由出海口硬闖，進入村中，它們具有北方人豪爽的特質，肢體動作特大，就連發出的聲音也咻咻作響，是在示警通報你的到來，還是突顯身份，表現你的強悍，提醒村人生人迴避，最好是關在屋內，才不會被你的「寒氣」掃到，但你誇張的動作，也會踢到鐵板，村人根本不「鳥」你！

大清早蠔籃照常上肩頭，男的較粗勇打前鋒，女的隨後跟上，更令你吃驚的是，年近八十的老人家，也不給你面子，排在後衛的位置，他們是神人不怕冷？他們皮厚可百寒不侵？倘若如是想，承蒙你看得起，可是你看走眼了？他們竟然祇是凡夫俗子，與旁人無異的「金門人」！令你詫異的是，今天日子特殊，是百業暫歇，歡喜慶賀過節的「年兜」日，他們照常起居作息，上山下海一切照舊，這是他們的工作，也是他們「海墘腳」子民的宿命！若說他們違逆傳統，抗拒過新年，那你就錯了，他們不但過，而且過得精彩豐盛，美中不足，祇是稍嫌那麼一點「勞碌命」。

「巷仔溝」前的鐵捲門放下半扇，是在擋刺骨的寒風，原來「海口人」還是懼寒怕冷唄！這全屬廢話，叫你不動，靜坐在那張蠔桌仔，剝上一擔蠔，看你的脊背會透沁涼，手腳會「皮皮挫」否？年屆八十的老阿嬤帶班坐鎮，剝蠔的速度已不如當年俐落，甚至取出肥美碩大的蠔仔，還有些不完整的傷損，原來阿嬤視力退化，罹患不輕的青光眼，經常會對不準目標，被蠔刀刺到手，她的媳婦不捨會叫她歇息，可是固執的老阿嬤，依然不動如山，深怕她的「位子」會遭旁人取代。

唉！早已兒孫滿堂的她，早該卸下擔子享清福囉！可她敬業如昔，依然堅守那塊「蠔桌仔」的小戰場，令人有些佩服，也有些鼻酸，她是我們金門人永遠敬重的老阿嬤；若對比台灣那位退而「不休」，坐領高薪，卻還要惹是非、添麻煩的人物，阿嬤可謂強他百倍、萬倍……。

昨晚的「豆渣圓」配上那碗鮮甜的土雞湯，真是幸福啊！但這祇是給你一點小甜頭，切莫飫鬼吃太多，聰明人應將胃騰出一點空間，好迎接今日「年兜」夜的佳餚盛宴。「深井」那只鋁盆，浸泡著待軟的米粉，旁邊那尾鮸魚，少說也有七八斤，那罐罐的食材，計有鮑魚、粉鳥蛋、磨菇罐，皆屬上品，廳堂邊那台大冰箱，已負載過量，有些吃不消！裡面有台灣大兒子快遞回來的大蹄膀，二兒子的佛跳牆，三兒子寄的不知是「啥米碗糕」，總之是出自某五星級、知名大廚的手筆，不用說定是「好料」……。

太陽已然下山，盛宴正要登場，頭髮斑白的一家之主，從床鋪底下取出那甕不知擺放多久的陳年高粱，廚房的爐火正旺，每道佳餚飄出的味道，皆令人食指大動，更誘使小孩入內偷食的頻率，大人們分工擺放桌椅碗筷，細數今晚食客，至少要二桌以上才坐得下，好在公廳夠寬敞，尚有多餘的空間，供小孩嘻鬧，美食上桌，大人們按輩序坐定，圍爐的氛圍已然啟動！

惟獨缺台灣回來的老大、老二的幾個小孩，他們有的在玩電動，有的打電腦遊戲，有的在屋外放鞭炮，滿桌豐盛佳餚，他們好像視而不見，想起早年威嚴十足的阿公，鎮懾孩子的眼神不見了，他變得慈祥，變得聲音柔和，反而是未上桌那些孩子的爸爸，他們威權受到挑戰而動怒，先是數「三聲」不上桌就開扁，這時的阿公反而倒過來扮白臉充好人，並祭出他的「撇步」，從口袋中一掏，就是成疊的大紅包，並對頑皮的孩子說道：來喔，憨孫ㄟ緊來呷好料ㄟ，恁若乖乖呷，呷飽，阿公欲發紅包哦！此招果然奏效，金錢萬能，果然能收攏人心，尤其是孩子……。

冗長的年夜飯終於結束，全家笑逐顏開，和樂融融，兒孫輩由阿公手中接獲盼望已久的紅包，更是興奮，此時的老阿嬤有一項專職的工作，正要登場，祇見她手拿一個盤子，內盛糖果、冬瓜條、一小塊年糕，獨自往廚房裡頭去，孫子輩好奇地圍攏過來發問：阿嬤，汝地米台！憨孫ㄟ：阿嬤欲去「敬灶君公」，因為灶君管咱ㄟ廚房，管咱厝ㄟ好歹事，敬拜伊，才會上天講咱ㄟ好話……。孫子輩聽畢，仍然似懂非懂，有的質疑阿嬤如此做，是否是變相的賄賂？有的更替灶君公擔憂，「甜食」吃太多，不知是否會引發「糖尿病」……唉！真箇囝仔人「有耳嘸嘴」。

十五、軍營的哪粒饅頭

今日的街頭，經常出現一群衣衫襤褸，不修邊幅的遊民，夜宿車站、公園，白天肚子餓了，向善心商家乞討，或鎖定餐飲店的哪只餿水桶，伸出五指金龍使勁的撈食，若問他味道如何？來人若非明知故問的「白目」之流，就是踩人痛處，還在傷口撒鹽的渾球！餐桌偶有龍蝦鮑魚打打牙祭，已不是什麼了不得的大事，因為經濟可以改善很多人的物質生活，但街上的哪些遊民，他們就無福比照多數人的生活，是因為他們命賤？還是隱藏在他們內心，很難說出口的辛酸往事呢？

若要追究答案，記住！先去翻翻家裡多到擺放不下的舊衣服，或是很正經嚴肅的告訴每位就學的子女，當他們很安逸享用營養午餐或便當時，千萬不要浪費，若吃不完可經由師長安排，預先將乾淨的飯菜撈起，並集中分袋分類，發送給需要幫助的哪群街頭可憐人。

有「台灣錢淹腳目」的現今世代，街頭尚有哪麼多可憐人，不禁深沈的回到民國五十年初的艱苦日子，當時的金門「貧多富少」，偶有葷腥入肚解饞，僅能在自家祖先做忌，或是宮廟神明做醮日，才得有幸口腹沾光，平日餐桌以蕃薯變花樣外，就是想方設法，巴結軍營哪位管糧秣的「補給仔」，向他送些蠔、蟹海鮮，交換一些過期的軍用米，或是麵粉罐頭，來改善家裡的餐桌菜色，惟以物易物並不常見，除了交情夠、言語通，更要掌握軍營的換補時機，且「補給仔」個人，亦須承擔偷盜軍糧的風險……故沒有交換來源，還是得回到熟悉的蕃薯，吃飽後不分老少，順代放一個響屁的慣性動作，還是持續下去，慶幸的是得到了驗證，「響屁」！真的不臭耶！

飼牛，耙草撿柴，擰野菜餵豬等輕鬆工作，是鄉下孩子們的本務，太陽初昇之際，牛稠間的門一一打開，「嗨」聲此起彼落，牛隻不分公母，不分顏色，每隻均「老牛」識途，隨著村童催趕音階，往山上的放牧地進發，經過海防班哨，穿過五〇機槍陣地，目的地就是軍營連集合場旁的哪一大片翠綠草地，釘好牛橛，村童個個默契十足，拔腿狂奔，如同學校的百米競賽，他們是吃太飽撐著，還是相互較勁，操練一下過剩的體力呢？

其實答案祇有一個，就是爭相對準軍營的哪處垃圾坑，骯髒雜亂不堪的垃圾坑，有何誘人之處，在外人眼裡確是污穢之地，惟在鄉下村童的眼中，哪是一處寶庫，坑內隨處都是寶，有棄置的鍋碗，有軍用布鞋、皮鞋，若運氣好甚至有過期的軍用餅乾，可供村童解饞哩！

外人眼中金門囝仔，腳皮特厚，赤腳行走顛簸之路，面不改色，如此恭維實不敢當，試問有鞋子穿，誰還要打赤腳呢？學校的擴音器廣播著：各位同學，下午縣政府要派「督學」（閩南語曲解為「剁腳仔」）到學校視察，同學們務必衣服整齊，穿鞋子，不可打赤腳上課……學生一聽「剁腳仔」要來學校，垂下頭看看自己的赤腳，莫不暗自叫苦，平常的班導師，亦同屬農村子弟，可睜一隻眼閉一隻眼，今日有政府高官到校，也僅能皺起眉頭，要求學生穿鞋上課，所謂：窮則變，變則通。軍用鞋也是鞋，軍營垃圾坑經常有哪麼多棄置的鞋子，當然是學生眼中的寶貝，祇是「人小穿大鞋」，有些許不自在，走起路來啪、啪作響，看在哪些視察的高官眼裡，不知有何感……。

黃昏的太陽將要西沈，炫麗的天空是很漂亮，對不解風情的村童，是一種浪費，他們在乎的是牛隻腹部隆起，是吃飽了，惟摸摸自己的肚子，很不爭氣的咕嚕、咕嚕叫，是在「哭飫」！

發育階段總是特別容易餓，每天這個時候特別難熬，原因是近在咫尺，軍營伙房蒸饅頭正要出爐，當蓋子一掀開，隨風飄來的陣陣香氣，更加速村童的口水吞嚥，「欠相」的眼神，總是對準哪位伙夫班長，嘴巴甜的總是佔盡便宜，僅「叔叔」二字，對多數靦腆的村童，總是難以說出口，但是「人頭鬼舞」的村童甲，他就敢，他說：有東西吃，叫他爸爸他都敢。所以他常常能吃到「老北貢」的饅頭，而多數村童吃不到，除了「訐」在心裡，小小心靈受到「饅頭」的刺激，乾脆去投考軍校，而學校教官總是吹牛，哪麼多金門子弟投考軍校，全是他們的功勞，我認為不是，應該是哪粒剛出爐的軍營饅頭在作怪……。

十六、村公所的擴音器

昔日戰地政務軍管時代，每個村公所均冠上「戰鬥村」的頭銜，村公所的編制，有村長、副村長、民政幹事、戰鬥警員及官職最小的村丁，當時村公所是由幾個庄頭共同組成，故村轄幅員不小，由於時局艱難，莫說有汽機車等交通工具，村公所與各庄頭之聯繫，因無電話聯線，除了靠村丁跑腿通知，最有效便捷的武器，便是村公所的擴音器，又稱為「呼哈頭」！

而平時職司「擴音」重責大任，並非正副村長，或其他成員，因為彼等官銜皆比村丁大，且有語言腔調的障礙，例如副村長皆為官派，多數為「北貢仔」，講話南腔北調，若其執行擴音放送，村民無疑鴨子聽雷，所以擴音放送工作，非村丁莫屬，而放送工作看似輕鬆，實則是一件苦差事，因舉凡金門縣政府政令宣達，各庄頭之婚喪喜慶服務、村婦生產、環境衛生、急難救助等等日常發生的瑣碎事務，可謂無所不包，皆要透過擴音放送。

而孩提時期的記憶，總是最鮮明深刻，對於放送內容，總有抹不去的記憶，其中有幾則趣聞，及庄頭感人的急難救助事件，作如下的敘述：

（一）趣聞之一：通報各庄頭注意環境衛生之內容：某某村各家戶請注意，下埔（下午）防衛部有大官要來巡視，請各家戶將雞鴨關好，不可讓牠黑白走，否則會被罰錢，你就知苦！

（二）趣聞二：庄頭村民結婚，通知村民準時赴宴，適巧村丁重感冒，發不出聲音，而委由其八歲上小學的兒子代打放送，內容：阮爸燒聲，有人娶某，叫恁來呼阮請。本則放送導致不知情的庄頭村民，至村丁家赴喜宴，才知搞錯了，一時「騙請害餓」訐譙聲不絕於鄉里，今日憶起，晚上作夢還會笑哩！

最後一則較為嚴肅的救人放送通報，五十年代的炎炎夏天某日，有一群五、六歲的孩童於庄頭池塘邊戲水，其中一名不慎跌落池塘滅頂，村公所獲悉消息後，村丁火速作擴音放送，若以手錶計時，不到三、五分鐘，各庄頭村民，不分你我，拋下手邊工作，以跑百米的速度趕赴現場救人，且不約而同卜通卜通跳下池救人，最終因打撈費時，搶救到小孩，已冰冷一具，徒留憾事！

惟令人動容的是家鄉父老兄弟，不分彼此，捨我其誰的那一份救人真情，絕非現今台灣功利社會，同棟大樓，互不相識，所能比擬與理解，今日時間雖然飛逝四十餘載，家鄉村公所那具擴音器，終因時代進步，有部分放送工作，已被手機與電話等通訊器材所取代，而村丁的工作，多數因政府精減人事，遭到裁撤的命運，然對於您們昔日勞苦貢獻，在此表達由衷的謝意與敬意。

活潑社工隊事

十七、清明嘸轉厝嘸祖

中國人掃墓大部份都訂在清明節，惟「客家人」掃墓，卻是每年元宵節過完的第二天至清明節前，若問年輕輩的客籍人士，為何他們的掃墓如此與眾不同呢？答案多數是「俺唔嘀」（客語，不知道之意），原來所謂「客家人」，按字義就是做客他鄉者，據考證：他們原鄉在中原，五胡亂華時期為避戰禍，乃紛紛南遷至廣東、福建，甚至四川等地，乃是十足的作客他鄉故名。

他們掃墓如此與眾不同，實則有原因地，中國人最重視農曆過年，在外遊子不論客居何地，都會想方設法回家過節，享用哪餐團圓飯，而「客家人」正是如此，由於大陸幅員遼闊，散居各省份回一趟家，是多麼不容易啊，恰好過完年，緊接著是元宵節，因此他們才想到，不如將清明節掃墓，提前於元宵節翌日進行，既可省去二度返鄉的勞頓，更能話別祖先，順代祈求庇佑在外遊子平安順利，此乃權宜變通的好辦法，根結點還是慎終追遠，不忘本……。

看看別人想想自己，現今工商社會，一切向錢看，生活步調跟著加快，人情變薄、變淡、變冷漠，左右鄰居互不相識，兄弟分家果真「一人一家代，公嬤隨人栽！」祖先有人供拜還好，不拜的比比皆是，他們推說：因家裡未設神明廳。他們又說：因為出國留洋或工作，改信奉天主教，是上帝叫他不准拿香。如此說若成理，狗屎應可變美食，其一拿上帝作不拜祖先的擋箭牌，上帝應辦他冒瀆神明之罪。其二上帝好像講過「神愛世人」這句話，倘若強辯所謂「世人」是指活人，而祖先是已經往生的死人，所以不用拜，哪就昧著良心說話，若世上沒有祖先他們哪些「死人」，哪有世上你這個「活人」呢？除非……喔，祂是齊天大聖孫悟空嘛！從石頭裡繃出來的，若是如此神奇，做人實在太可惜啦！上帝應換他去做……。

澎湖「黑水溝」的水，黑如墨汁，它的陰「深」，發起漩渦的狠勁，曾奪去多少離鄉背井先民的命，當年倘若家鄉有飯吃，又有誰肯拋妻離子，放下高堂父母來和「黑水溝」單挑，較量一下輸贏。打贏了頭關也先別得意，抵達了台灣考驗才要登場，山地裡的瘴氣僥倖躲過，原住民的哪把「出草」番刀，何時落下尚不可知，平地裡討生活也大不易啊！人多勢眾的漳、泉人，「幹」起架來刀子可不長眼。

「孤鳥插人群」生存之道、狗腿、靠勢、出賣尊嚴……好不容易終獲一處棲身，存活下來的感覺真好，這除了要感謝一路護持庇祐蘇、池、溫等諸姓王爺，靈顯關照，更要感謝家鄉祖宗的保祐……時序進入「春分」節氣，望眼嘉南平原坵坵土豆，長出翠綠的新芽，想起家鄉的麥子即將成熟，但不知今年雨水足否？看天吃飯是鄉人慣有的「宿命」，但不知俺爸、安娘身體康健否？距離「清明」的日子不遠了，是該束裝返鄉，給歷代先人上墳掛紙了，離鄉數載，目前雖無功成名就，且返鄉一趟所費不貲，驚險挑戰「黑水溝」的戲碼還得重演，帶上安娘多年乞來的「平安符」上身，就什麼都不怕了，登上歲數頗大的老漁船，原來早已擠滿了各鄉社的鄉親，共同的「腔口」原在，大夥心裡想同一個問題，做同一件事，旅途不再孤單，故鄉啊！您等著……。

看著先民「六亡、三在、一回頭」！與老天爺搏命，勇敢出鄉關，圖的無非想掙錢，改善家裡環境，但「頭頂別人天，腳踩別人地」的異鄉，謀生大不易啊！即便事業，功名有所成，內心所想，第一要務還是榮歸故里，蔭妻、蔭子、蔭祖宗、鄉賢「開台進士」鄭用錫，為清朝台灣高中進士第一人，他認定「他鄉非故鄉」，故功成首件要務是返鄉祭祖、蓋宗祠榮顯祖德庇祐……所謂：「水有源、樹有根」。

有祖先可供祭拜的人是幸福的，「清明節」的腳步逼近，在外遊子，想必已聽到家鄉祖靈的聲聲呼喚，如同太武山海印寺的哪座大鐘，祇要輕輕撞擊、低沈、悠長，帶著感情的磁性聲音，環繞著浯江島嶼，經由料羅灣碼頭，循著鄭成功發兵復台的船隊路線進發，抵達台灣寶島後，鐘聲全無肅殺之氣，是慈祥、溫暖、柔和、有如安娘的容顏般，輕聲的呼喚著：「轉咱厝掛墓紙」囉！

十八、公嬤忌呷甲頂鼻

四、五十年前的鄉下，生活普遍艱困，吃食三頓本屬不易，談何油葷解饞，故俗諺有所謂：「長工望落雨，乞食望普渡」。描繪當年升斗小民，對好日子的渴望，當年縱使日子困難，然對祖先仙逝忌日，絕不敢或忘，持家者總是想方設法，擺上一桌油葷美食來這拜祭先人。筆者認為此種作法，具有雙重意義，其一緬懷祖先恩澤，機會教育後輩不可忘本，順便提醒：「啊伓爸若死，汝嘛愛安呢拜阮」！以提防「死嘸人拜」的遺憾。其次「飫飢失頓」許久，好不容易找到這個「孝順」的好理由，拜一下自己的「牙槽公」又何妨……。

時間回到民國五十年初，隆冬季節，氣溫約莫五到七度，嫁來這個「海墘仔腳」八年的「寶珠」，從不會鐽蠔的生手，到如今練就一身俐落鐽蠔本領，也難怪她總是鄰里稱道的焦點，不一會兒的功夫，二蠔籃已滿載，在一旁的「瓊治仔」投予讚嘆的眼光，惟嘴巴不免犯嘀咕「寶珠」：「腳手俐捷，搶得剢蠔先機，勢必到街上賣得好價錢，而腳手慢鈍的她，蠔仔將賣不到好價錢」！

「寶珠」一聽到抱怨，趕緊澄清表示：「今日這擔蠔仔，是要剝來自己享用……。」而「瓊治仔」對「寶珠」平常勤儉出名，就算幾兩「蠔仔」，也要變現換錢，此番偌大的一擔蠔要自食，「瓊治仔」用：「天下紅雨，馬會長角」。的比喻來質疑？最後「寶珠」終於說出：「明天伊查埔祖做忌」，伊尪的大姊、小妹及外甥皆要回來祭拜。且人數至少超過二十人，她光張羅這麼多張嘴的吃食，得費盡心力。「寶珠」話說到此，突然想到她家預先炸好的哪尾魷魚，尚在飯桌上，並未蓋好，倘若被貓叼走，哪就糟糕透頂囉！想到此也無心理會「瓊治仔」的糾纏，挑起百來斤的哪擔蠔急急返家……。

「寶珠」她家的「深井」，擺放各樣的菜蔬，有一堆菜花、一大綑蒜仔，還有菠菜、包心白，及一粒大金瓜、大只鋁盆浸泡著米粉，少說也有十來斤，比較特殊，的還有三罐軍用豬肉罐頭，哪麼多食材，除了蔬菜多數為自己種植，其餘魚類、肉類等葷腥食材，則需掏錢採買，想必主事者「寶珠」伊尪，所費不貲，內心必在淌血，他祇能咬緊「嘴齒根」硬撐。即便平日「儉腸勒肚」，菜脯根咬鹹，在公嬤做忌的這一天，不能免俗，也不敢免，因為「做佛」的公嬤能否回來享用，好像已經不是哪麼重要，在陽世子孫久旱逢甘霖的哪股渴望，五臟廟發出的

「咕魯」聲，填飽他，滿足他，才是最重要地。

一大早「寶珠」在廚房，手握鍋鏟不停的翻炒，不同的食材散發不同的香味，她哪對六歲的雙胞胎兒子，忽左忽右的隨侍在側，惟目光焦點總是集中在大鼎內的菜餚，除了比手劃腳，不約而同猛吞口水，此時的「寶珠」滿頭大汗，根本無暇招乎二個小鬼，為了不讓他們礙手糾纏，她當真火了，脫口便是：死囝栽、散啦！若擱唔散，等入拍乎汝死。她厲聲斥責，小孩子哭了，但哭的不是哪對雙胞胎兄弟，反而是「寶珠」背上揹的，未滿足歲的幼女……。

偌大的雙落大厝，眾親屬皆已齊聚，自家叔伯亦為受邀之列，「寶珠」伊尪坐鎮後落公廳，吆喝妹婿幫忙將八仙桌移出，準備擺放供品。「伊伯仔」在一旁向後輩解說今日做忌的原由，細數案桌上第幾尊的神主牌，是今日做忌的的主角，神主牌的字跡尚為清晰，毛筆字由上而下書寫「皇清」二字，尤為突出，接著是顯考××人之神主，惟左側之孝男××並未記載，眾人均狐疑該祖輩是否未娶妻，或未有子嗣故未記載，經「伊伯仔」道出其中一段心酸的秘辛，眾人才得以明瞭祖輩的乖舛一生。

原來清朝光緒二十年，浯島金門發生嚴重鼠疫的傳染病，短短一年之中，死亡人數近千人，哪種慘況可用屍橫遍野來形容，時局艱困，島民生存不易，既使有錢買棺木下葬，面對哪麼多人死的需求量，亦是一棺難求……而今日做忌的主角，很不幸搭上哪班瘟疫的列車，享年僅二十四歲，往生之時，妻子懷孕八個月，尚未臨盆產子，所以他的神主牌才未記上孝男之名。

八仙桌上罷放滿滿一桌供品，點燃香燭，橫放一張椅條，六雙竹筷子，一切安排妥當，由男主人「寶珠」伊尪燃香主祭，稟告祖先表達心意，待香燃燒過半後，開始燒金紙，儀式進行看似頗為順暢。惟當「寶珠」伊尪取出筊杯，往地上一擲，結果出人意表，接連三杯皆為「笑杯」，「伊尪」急了，眾人不耐儀式冗長，「八肚」咕咕叫更急，幸好「伊伯仔」不愧見多識廣，指出：做忌沒有給酒喝，誠意不足，果真取杯，並倒滿上三大杯高粱酒，「喀」了一聲，「聖杯」啦！得到「祖先」滿意的感應後，總該換「活人」滿意了罷，來喔！緊呷，呷乎頂鼻！

國家圖書館出版品預行編目

浯江軼事 / 劉鎮東著. -- 一版.
臺北市 : 秀威資訊科技, 2005 [民 94]
面 ; 公分. -- 參考書目：面
ISBN 978-986-7263-62-9（平裝）

539.5231 94015671

語言文學類 PG0070

浯江軼事

作　　者 / 劉鎮東
發 行 人 / 宋政坤
執行編輯 / 李坤城
圖文排版 / 羅季芬
封面設計 / 羅季芬
數位轉譯 / 徐真玉　沈裕閔
圖書銷售 / 林怡君
網路服務 / 徐國晉
出版印製 / 秀威資訊科技股份有限公司
台北市內湖區瑞光路 583 巷 25 號 1 樓
電話：02-2657-9211　　傳真：02-2657-9106
E-mail：service@showwe.com.tw
經 銷 商 / 紅螞蟻圖書有限公司
台北市內湖區舊宗路二段 121 巷 28、32 號 4 樓
電話：02-2795-3656　　傳真：02-2795-4100
http://www.e-redant.com

2006 年 7 月 BOD 再刷
定價：340 元

讀　者　回　函　卡

感謝您購買本書，為提升服務品質，煩請填寫以下問卷，收到您的寶貴意見後，我們會仔細收藏記錄並回贈紀念品，謝謝！

1.您購買的書名：______________________

2.您從何得知本書的消息？

□網路書店　□部落格　□資料庫搜尋　□書訊　□電子報　□書店

□平面媒體　□ 朋友推薦　□網站推薦　□其他________

3.您對本書的評價：(請填代號　1.非常滿意 2.滿意 3.尚可 4.再改進)

封面設計____　版面編排____　內容____　文/譯筆____　價格____

4.讀完書後您覺得：

□很有收獲　□有收獲　□收獲不多　□沒收獲

5.您會推薦本書給朋友嗎？

□會　□不會，為什麼？______________________________

6.其他寶貴的意見：______________________________

____

____

____

讀者基本資料

姓名：________________　年齡：_____　性別：□女 □男

聯絡電話：____________　E-mail：________________

地址：______________________________________

學歷：□高中(含)以下　□高中　□專科學校　□大學

□研究所(含)以上 □其他____________

職業：□製造業 □金融業 □資訊業 □軍警 □傳播業 □自由業

□服務業 □公務員 □教職　□學生 □其他________

請貼
郵票

To：114

台北市內湖區瑞光路 583 巷 25 號 1 樓

秀威資訊科技股份有限公司　　收

寄件人姓名：

寄件人地址：□□□

(請沿線對摺寄回,謝謝!)